Orar 15 dias com
TERESA D'ÁVILA

Pe. JEAN ABIVEN

Orar 15 dias com
TERESA D'ÁVILA

EDITORA
SANTUÁRIO

DIREÇÃO GERAL: Pe. Luís Rodrigues Batista, C.Ss.R.
DIREÇÃO EDITORIAL: Pe. Flávio Cavalca de Castro, C.Ss.R.
Pe. Carlos Eduardo Catalfo, C.Ss.R.
COORDENAÇÃO EDITORIAL: Elizabeth dos Santos Reis
COORDENAÇÃO DE REVISÃO: Maria Isabel de Araújo
REVISÃO: Waldirene Machado
COORDENAÇÃO DE DIAGRAMAÇÃO: Marcelo Antonio Sanna
DIAGRAMAÇÃO: Sebastião A. de Almeida Filho
CAPA: Marco Antonio Santos Reis

Título original: *Prier 15 jours avec Thérèse D'Avila*
© Nouvelle Cité, Paris 1993
ISBN 2-85313-252-3

Tradução: Pe. João Batista B. Leite, C.Ss.R.

Dados Internacionais de Catalogação na Publicação (CIP)
(Câmara Brasileira do Livro, SP, Brasil)

Abiven, Jean
  Orar 15 dias com Teresa D'Avila / Jean Abiven; (tradução João Batista Leite). — Aparecida, SP: Editora Santuário, 1999.
  Título original: Prier 15 jours avec Thérèse D'Avila.

  Bibliografia.
  ISBN 85-7200-607-9

  1. Livros de oração e devoção 2. Meditação 3. Teresa, d'Avila, Santa, 1515-1582 I. Título.

99-0542   CDD-242.2

Índices para catálogo sistemático:

1. Meditações e orações para uso diário: Cristianismo 242.2

5ª impressão

Todos os direitos em língua portuguesa
reservados à **EDITORA SANTUÁRIO** – 2021

Rua Pe. Claro Monteiro, 342 – 12570-000 – Aparecida-SP
Tel.: 12 3104-2000 – Televendas: 0800 0 16 00 04
www.editorasantuario.com.br
vendas@editorasantuario.com.br

AVISO

Para bem usar este livro

Você vai passar quinze dias, amigo leitor, em companhia de Teresa D'Ávila. Ou, mais exatamente, em companhia do Senhor com a ajuda de Teresa. Talvez seja o próprio nome, tão prestigiado, de nossa santa, que o atraiu. Talvez seja tão somente o desejo de um momento, de um respirar espiritual, de um recuo ou de uma magnanimidade em relação a seu cotidiano. Não importa. Em todo caso, esta quinzena supõe um caminho a percorrer e estas primeiras páginas gostariam de lhe dizer aonde ir, ao menos como indicação de um itinerário no mapa. A paisagem você descobrirá durante a caminhada.

Santo Inácio de Loyola, nos Exercícios, propõe ao retirante uma pedagogia que o leva, por etapas, a discernir o que o Senhor espera dele nas condições concretas de tempo e de circunstâncias em que se encontra. E assim o faz adotar sucessivamente as diferentes atitudes que são as do homem em face de Deus. A iniciativa dos Exercícios não tem equivalente nas outras tradições espirituais. Faz, daqui em diante, parte do tesouro comum da Igreja.

Este livro não tem a pretensão de "propor os Exercícios como ajuda aos textos de Santa Teresa".

Seria um desafio e quando muito se chegaria a um concordismo artificial. Mas não é necessário esquecer o método inaciano para caminhar com nossa santa. Tanto faz um como o outro, contanto que não se amarre à mensagem de Teresa um gancho que a traia. Ora, Teresa só tem a nos dizer "o que lhe aconteceu". E encontramos em seus escritos o progredir de uma alma que coloca para si, desde jovem, perguntas fundamentais como: a luta com o pecado, o doar-se a Cristo com todo o elã, mas tendo de continuar a discernir como encontrá-lo no cotidiano ou como reconhecê-lo nos favores que lhe faz até o dia em que sua vida toda inteira testemunhe uma união constante ao Senhor, tanto na ação como na oração. Então, amigo leitor, não se surpreenda ao encontrar, às vezes, algumas reminiscências de um caminho já conhecido se você fez os *Exercícios*.

Eis as etapas que lhe são propostas. Elas são ora de dois, ora de três dias, o que lhe permitirá, se for o caso, saber onde parar, se precisar.

1. Um roteiro. Como orar? O que sou diante de Deus? 1º e 2º dias.

2. A misericórdia do Salvador diante do pecador que eu sou. 3º e 4º dias.

3. Jesus apresenta-se a mim: tu queres vir em meu seguimento? 5º, 6º e 7º dias.

4. Que fazer, Senhor, para te encontrar? 8º e 9º dias.

5. Discernir as iniciativas do Senhor. 10º, 11º e 12º dias.

6. Ficar unido a ele no serviço cotidiano da Igreja. 13º, 14º e 15º dias.

Os títulos de cada dia são tirados de passagens da própria Santa Teresa. Eles poderão constituir o que se chamava outrora um "ramalhete espiritual": uma espécie de resumo ou palavra de ordem para ruminar ao longo do dia. Os textos são extraídos dos escritos da santa e, às vezes, reagrupados a partir de diversas obras. São citados na tradução de Marcelle Auclair (Biblioteca Europeia, Desclée de Brouwer, 1962), que tem a vantagem de adotar a numeração internacional. As referências lhe permitem, se você tem as obras completas, encontrar ampla matéria para alimentar sua oração ou para satisfazer seu apetite de conhecer melhor Teresa.

INTRODUÇÃO

Teresa, quem é você?

1515. Para os estudantes da França, é Marignan.

Para seus pais é o século da Renascença. O dos castelos de Loire; de Ronsard e de Montaigne; o das guerras de religião e da noite de São Bartolomeu.

Mas é preciso olhar além do Hexágono se se quer captar os desafios do século. Acabava-se de se descobrir a América. Um mundo até então julgado alheio à história universal. Que se sabia de sua salvação? Questões que a teologia ainda não tinha encarado. Estabeleceu-se que a Terra era redonda, que gira em redor do Sol. E, contudo, a Bíblia parecia afirmar o contrário. O que se crer desde então? As velhas certezas recebidas dos séculos anteriores e transmitidas com grande reforço de arrazoados desmoronam aos golpes desses sábios — intrépidos ou sacrílegos —, que julgam mais seguro "ir lá ver" e multiplicam observações, meditações e experiências. Até mesmo praticar dissecação de cadáveres! (O que então era tido como sacrilégio.) Época de grandes questionamentos. O homem, agora o centro da paisagem intelectual, tem uma consciência aguda de sua interioridade, e sua experiência renovada do mundo vai querer tornar-se senhora da sabedoria. Subitamente, a época exigirá da Igreja uma atualização — um "aggiornamento", já! — com o Concílio de Trento.

1515. Em Ávila nasce uma menininha. Uma dessas estrelas de primeira grandeza que nosso mundo produz de vez em quando. Um desses profetas também que Deus suscita para trazer luz às nações. O mundo orienta-se para a experiência? Muito bem! Eis uma mulher que só terá de dizer "o que lhe aconteceu". Mas esta experiência de Deus, que será a sua, falará uma linguagem digna de crédito aos homens da era moderna. Ela poderia dizer: "Deus existe, eu o encontrei". E o fará, prestando conta, em estilo bem seu, do que é a vida com Deus quando a gente o procura. E, mais ainda, quando verificar a seriedade de nosso propósito, Deus virá ao nosso encontro. É a sua vida que Teresa nos entrega e, fazendo assim, ela nos ilumina ao mesmo tempo sobre a finalidade da nossa vida e o caminho para lá chegar.

Nasceu em 1515 numa família piedosa da nobreza castelhana. Através de sua mãe, aparenta-se a uma linhagem antiga. Mas seu pai é filho de um comerciante judeu de

Toledo, de um convertido como muitos na Espanha, naquela época. No meio de nove irmãos e duas irmãs, sem contar primos e primas, Teresa é o polo de atração, o "foguete" desse pequeno mundo, antes de tornar-se, por morte de sua mãe, a senhora da grande casa. Nada de surpreendente que, pelos quinze ou dezesseis anos, descobrindo seu poder de sedução, deixa-se envaidecer um pouquinho. Seu pai, um tanto preocupado, interna-a com as Agostinianas. Lá ficou dezoito meses e ali ouviu o primeiro apelo à vida religiosa.

1535. Teresa tem vinte anos. Decidida a tornar-se freira, apesar da oposição paterna, deixa a casa de sua família, na madrugada de 2 de novembro, para entrar no convento da Encarnação. Havia ali mais de cento e cinquenta monjas vivendo, em relativa austeridade, a regra do Carmelo. Teresa faz um noviciado fervoroso. Professa um ano depois. Mas agia muito severamente consigo. A natureza, tendida em excesso, vinga-se através de uma doença misteriosa que a leva à beira do túmulo. Durante três dias julgaram-na morta. De volta à vida, fica paralítica por três anos e, até a morte, estaria sempre mais ou menos doente.

Contudo, seu regresso à vida normal coincide com um período de relaxamento. Nada de bem grave, sem dúvida, do ponto de vista moral. Parlatórios a não mais acabar com toda espécie de pessoas, muito felizes por aprender a vida espiritual junto de uma mestra tão cativante. Em resumo: dissipação. Será preciso a morte do pai tão amado em 1543 e uma confissão ao pai espiritual deste para que ela retome, desta vez, sem falhar, o caminho da perfeição.

1554. Teresa já é quase quarentona. Tornou-se uma religiosa fervorosa, exemplar mesmo. Contudo permanece insatisfeita. Gostaria de poder contentar o Senhor em tudo, sem jamais recusar-lhe nada deliberadamente. Gostaria de tornar-se uma nova Madalena. Essa graça é concedida-lhe diante da imagem do *Ecce Homo,* cuja visão arranca-lhe lágrimas. Levanta-se com a certeza de ter sido atendida.

De agora em diante, é o Senhor quem tomará em suas mãos a sua vida. Acumulada de graças de oração, sente-se presa, cativada por Deus. Mas essas graças vêm acompanhadas de manifestações exteriores, êxtases, arrebatamentos que acontecem, não importa onde, e a humilham profundamente. A seu respeito, muito falatório toma-se partido. O espectro da Inquisição aparece (com a perspectiva para a freira iluminada, senão a fogueira, ao menos a prisão e a confissão da culpa). Certa da sua submissão à Igreja, não teme nada, mas fica desamparada. Seus diretores espirituais perdem seu latim ou, pusilânimes, dirigem-na com dureza. Oito anos passam-se desse jeito, anos de fervor, mas também de noites de obscuridade, durante as quais, obrigada a fornecer aos confessores relatórios sobre o que viu, vai dar à luz o mais importante de seus livros, a narração de sua *Vida*.

1562. Vem o tempo da fecundidade. Impedida interiormente, confirmada por seus confessores e aproveitando as circunstâncias, funda o pequeno convento de São José em Ávila, seguindo a regra primitiva do Carmelo. Ali passa os "cinco anos mais tranquilos de sua vida", dando a suas irmãs no *Caminho da Perfeição* sua pedagogia da oração. Até o momento em que o Padre Geral lhe ordena fundar mais.

1567. Teresa torna-se "a dama errante de Deus". A aventura narrada nas *Fundações* começa: é o terceiro de seus quatro livros principais. Pelas estradas de Castela, depois as da Andaluzia, percorre milhares de quilômetros, deixando, ao morrer, dezesseis conventos de carmelitas e três de carmelitas descalças. Isso não se fez sem sofrer. Aventuras, negociações, desaforos, perseguições, difamações, ameaças a ela e à reforma realizada fazem um verdadeiro romance do último período de sua vida. O que não impede as graças extraordinárias, nem a correspondência abundante, nem mesmo, em 1577, a composição de sua obra prima, *O Castelo Interior* ou *O Livro das Moradas*.

O que não impede ainda, muito menos, seu progresso na vida espiritual. É a santa das levitações, desfalecendo sob o dardo do querubim, não é a Teresa definitiva. Em 1572, o Senhor a faz ciente de que, daquele momento em diante, ela é sua verdadeira esposa. Desde então, não há mais êxtases nem visões, mas uma vida de todos os instantes com seu Senhor e Mestre. É mais do que nunca, "Teresa de Jesus". Ela e ele trabalham de comum acordo. É então que se revela a plena medida de seu gênio, na tempestade que ameaça destruir sua obra, como na paz recuperada. Sua personalidade desabrocha como um feixe de luz em todos os domínios, tanto na afetividade como na inteligência e na ação.

Outubro de 1582. Ao fundar um convento em Burgos, o mais trabalhoso de todos, Teresa está em Alba de Tormes, em completo esgotamento. A garotinha que queria ver Deus "para sempre, para sempre", permanece fiel a este antigo desejo: "Senhor, a hora chegou, já é tempo de nos vermos". Aos quatro de outubro (que se tornará 15 na reforma do calendário) vai ao encontro do Bem-Amado. Canonizada em 1622, junto com Inácio de Loyola, Francisco Xavier e Filipe Néri, será, com Catarina de Sena, a primeira mulher proclamada doutora da Igreja por Paulo VI em 1970.

E acrescento, eu tradutor, verá sua filha espiritual Santa Teresinha de Jesus igualmente proclamada doutora pelo Papa João Paulo II em 1997, apenas um século após sua morte.

SIGLAS UTILIZADAS

- **C** = *O Caminho da Perfeição*
- **E** = *Exclamações*
- **F** = *O Livro das Fundações*
- **FVD** = *Os Favores de Deus*
- **M** = *O Castelo Interior* ou *O Livro das Moradas* (dividido em sete Moradas que assinalamos com notas de 1M a 7M)
- **P** = *Pensamentos sobre o Amor de Deus*
- **Po** = *Poesias*
- **R** = *As Relações*
- **V** = *Autobiografia*

Primeiro dia

UMA CONVIVÊNCIA DE AMIZADE

A oração mental, na minha opinião, é uma convivência de amizade em que a gente se entretém muitas vezes e, com intimidade, com aquele que sabemos que nos ama (V, 8/5).

Procurem, minhas filhas, porque vocês estão sós, encontrar uma companhia. E há outra melhor que a do Mestre mesmo que ensinou-lhes a oração que vão fazer? Representem para vocês mesmas o próprio Senhor perto de vocês, e considerem com que amor e humildade ele instrui; e acreditem, quanto lhes é possível, não se afastem de tão bom amigo. Se vocês se acostumam a atraí-lo perto de si, se ele vê que o chamam com amor, se vivem somente para satisfazê-lo, vocês não conseguirão, como se diz, livrar-se dele, jamais lhes faltará. Ele as ajudará em seus trabalhos, estará em toda a parte com vocês (C, 26/1).

Não lhes peço agora pensar nele, nem refletir muito, nem aplicar seu pensamento a grandes e delicadas considerações. Só lhes peço olhar para ele (ibid., 26/3).

É assim, diz-se, que deve agir a mulher a respeito de seu marido para viver um bom casamento. É triste mostrar tristeza se ele está alegre, mesmo que ela não esteja. Considerem a sujeição que lhes foi poupada, minhas irmãs. Em verdade, sem fingimento, é como o Senhor procede com vocês. Ele se faz nosso súdito, quer que vocês sejam senhoras e sujeita-se a sua vontade. Se vocês estão alegres, considerem-no ressuscitado (...). Se vocês se sentem provadas, ou tristes, considerem-se a caminho para o jardim das Oliveiras (...). Vocês podem também olhá-lo amarrado à Coluna, totalmente doloroso: suas carnes diaceradas pelo amor de vocês (...) (C, 26/4-5).

Já de entrada, o tom já está dado. Poder-se-ia duvidar: Teresa, admiravelmente dotada para fazer companhia ou conversar, não imagina de outra forma a relação com Deus. Ela convida-nos a uma "relação de amizade".

Une-se assim à atitude do profeta Elias, Pai do Carmelo: "Ele é vivente, o Deus diante de quem eu estou" (1Rs 17,1).

Para haver oração, Senhor, são precisos dois. E se vós estais sempre lá, temos de nos colocar em vossa presença e aí ficar. É tudo. Para Teresa, sem dúvida, para cada um de nós também, o problema se colocará em seguida: o que fazer em vossa presença. Mas cada coisa a seu tempo. O essencial primeiro é estar lá, estar convosco em relação de amizade.

Isso quer dizer, de uma só vez, que na oração "não se trata de pensar muito mas de muito amar". Teresa repetirá várias vezes essa fórmula. Dois velhos esposos, muito unidos, que se conhecem de cor, podem passar bons momentos num tête-à-tête sem trocar muitas palavras. Porém, uma intensa corrente de afeto circulará entre eles. Assim, Senhor, convosco na oração. Sem dúvida as distrações surgem: não se pode impedir a imaginação de divagar. Simplesmente, quando se percebe isso, a gente retoma o fio e volta para vós, à vossa presença. Alguns voltam espontaneamente a seu "assunto da oração". Essa atitude é perfeitamente legítima. Mas não é a de Teresa. Todos que se parecem com ela voltarão primeiro à vossa "companhia".

Nessa relação de amizade, vós sois, Senhor, o principal interlocutor. Pensamos que cabe a nós agir, fazer as despesas da conversação. Como se o êxito do encontro dependesse só de nós! E merecemos essa doce repreensão que fizestes a Marta: "Tu te preocupas com muitas coisas!" Ou a uma carmelita: "Você não poderia deixar-me falar também?" Ensinai-nos, Senhor, a deixar fazer, "a estabelecer-nos em vós, imóveis e pacíficos, como se nossa alma já estivesse na eternidade". Elisabete da Trindade, que faz essa prece, é bem uma filha de Teresa de Jesus. Sois vós que tendes alguma coisa a nos dizer. Vós já nos falais com vosso próprio silêncio, que pacifica nossas agitações e nos constrange a "estabelecer-nos" na fé.

Acontece também que nos falais por tal versículo da Escritura, muitas vezes lido e relido, mas que hoje se revela a nós, como se o compreendêssemos pela primeira vez, com uma plenitude de sentido, como se tivesse sido dito expressamente para nós. E mesmo se isso acontecer raramente — somente quando o quereis — a fidelidade em vir ao encontro, em vossa presença, acaba por nos modelar à vossa imagem. Como essas velhas mamães de padres, a quem uma longa vida de oração e de humilde abnegação, acabou por dar um "conhecimento" de vós, Senhor, totalmente intuitivo, inexprimível, mas bem mais profundo às vezes que o de seu filho diplomado em teologia. Sois um Sol, Senhor. O Sol é feito para que a gente se exponha a ele e se bronzeie.

De acordo com essa perspectiva, é importante levar em conta o tempo deste bate-papo. Santo Inácio, nos *Exercícios*, assinala que a alma do retirante deve ir embora, contente por ter dado a Deus o tempo fixado (12ª anotação). A gente se sentiria tentado, Senhor, a dizer que a oração, antes mesmo de ser ação de graças, louvor, contemplação de vossos mistérios etc., é primeiro uma hora, uma meia hora, um quarto de hora, que lhe é dado. A fundo perdido de algum modo. Nada como o prazer de estar convosco. Ou, melhor ainda, unicamente porque gostais, sabe-se, de que estejamos lá, em vossa presença. Então vamos. E se é fiel ao encontro. Com o espírito cheio de preocupações, tem-se consciência de preocupações. Mas pelo menos veio. E ali ficou. Como o pobrezinho que não tem nada com que pagar, a não ser a sua própria pessoa. E o seu tempo. Talvez doente, cansado, o espírito incapaz de qualquer reflexão. Não importa. Ocupa-se o tempo como se quer. Ou, na maioria das vezes, como se pode, "jogando-se, de quando em vez, algum graveto ao fogo para atiçá-lo", dirá Teresa.

Nada de exercício pesado, de métodos minuciosos, complicados. Uma convivência de amizade não precisa de um chefe de protocolo. Vós nos chamais, Senhor, a uma aliança, que arrisca ser uma aventura. Quando se compreende com Teresa de que se trata, resolve-se ao mesmo tempo, e da maneira mais elegante, o problema da ligação da oração com a vida. Pois o que seria uma relação amorosa que não encontrasse jamais o meio de "perder tempo" com o Bem-Amado? Quantos lares fundados num grande amor resistem a um tal tratamento! Sem dúvida o tempo passado em oração é uma questão de vocação, de situação. O tempo de uma carmelita consagrar-lhe, ou um vigário ou uma mãe de família, não será necessariamente o mesmo. O essencial é que exista. Mas, inversamente, a convivência de amizade não se reduz aos momentos de um encontro. É ao longo do dia todo que ele continua, qualquer que seja a distância.

Por isso "nada de escrúpulo, minhas irmãs, se a obediência as leva à cozinha. O Senhor está no meio das panelas" (F, 5/8). Aquele ou aquela que se compromete em vos seguir, Senhor, saberá vos encontrar de novo.

Segundo dia

SOU VOSSA

Ordenaram-me escrever com toda a liberdade minha maneira de rezar e as graças que o Senhor me concedeu (Prólogo da Vida n. 1).

Sou vossa;
para vós eu nasci,
que quereis de mim?
Soberana Majestade,
Eterna Sabedoria,
Bondade que vos expandis em minha alma.
Deus, soberania, Ser único,
Misericórdia,
vede como é vil o ser
que hoje
proclama vosso amor nestes termos:
Que quereis de mim, Senhor?

Sou vossa,
porque me criastes;
vossa, porque me resgatastes;
vossa, porque me suportastes;
vossa, porque me chamastes;
vossa, porque me esperastes;
vossa;
porque não me perdi.
Que quereis fazer de mim? (...)

(*Poesia III*, trad. do Rev.^{mo} Pe. Gregório de São José, o.c.d., Paris, 1949.)

Juliano de Ávila, amável contador das viagens da santa Madre, gostava, parece, de cantar essas estrofes quando o acompanhavam em suas fundações. O poema que começa assim é um dos mais longos e dos mais conhecidos de Santa Teresa. É característico de sua maneira de rezar. Mas coloca ao mesmo tempo a questão fundamental que todo ser humano coloca para si: no momento de uma conversão, da escolha de um estado de vida, ou simplesmente quando faz retiro ou uma parada de urgência para voltar-se para o essencial.

Que quereis fazer de mim? Por que vim a este mundo? Qual é nele o meu lugar? O que tenho de fazer nele? Santo Inácio convida seu retirante a colocar esta pergunta no princípio dos Exercícios. Teresa fornece aqui uma resposta original. "Sou vossa. Para vós nasci." Suas razões de viver ela vai encontrar num lugar sobre as iniciativas do Senhor. Resposta inesperada à primeira vista talvez, mas que finalmente se apoia na palavra de São João na sua primeira carta: "Ele nos amou primeiro (...) Nisto consiste o amor. Não fomos nós que amamos a Deus. Foi ele quem nos amou primeiro (...) E nós reconhecemos o amor que Deus tem por nós e nele acreditamos" (1Jo 4,10.16).

Esta resposta não é a da filosofia, é a do desígnio do amor e da salvação de Deus. Mas precisa, em cada um de nós, tornar-se concreta. Precisamos tocar com os dedos as iniciativas de ternura que Deus tem conosco. O livro de sua *Vida*, Teresa o considera como a narrativa das misericórdias do Bem-Amado por ela.

O detalhe que nos dá na estrofe citada é ao mesmo tempo clássico e marcado de certo humor de que jamais se separou.

"Sou vossa porque me criastes." Assim já Santa Clara, uma das grandes amigas celestes de nossa santa, agradecia ao Senhor por ter dado-lhe o ser. O dom da existência, dom sem cessar renovado, dizem-nos os filósofos, não é o sinal mais evidente da benevolência do Pai a nosso respeito? Enxertar-se-ão lá em cima, se assim se pode dizer, o do resgate, o da salvação, o do apelo a seguir Jesus mais de perto. Tantas iniciativas de ternura que assumem em cada um de nós um colorido único de que precisamos guardar na memória em suas diferentes manifestações. Nomes próprios, lugares ou pessoas, datas, rostos tornam-se preciosos assim à nossa lembrança. Eles situam acontecimentos nos quais aprendemos a conhecer as passagens do Senhor. Alguns aparecem-nos como "marcados", se se pode dizer, tal coincidência de lugar e de tempo parece-nos carregada de significação. Acontece, às vezes, que só se descobre tardiamente o sentido no momento que os relemos atenta ou amorosamente. Isso não nos deve impressionar: os sinais são muitas vezes pessoais, são válidos somente para nós, e seria, às vezes, um erro querer impor a outros nossa convicção. A graça do acontecimento é dirigido a nós, pessoa ou grupo, e não a outros. Demais, o Senhor manifesta-se somente "de costas" (Êx 33,23). Quando se percebe sua presença, ele já partiu, como aconteceu com os discípulos de Emaús.

Por isso, Senhor, é bom para nós, numa parada, ou na oração, fazer como foi pedido a Teresa. Ela retrocedia aos acontecimentos de sua vida, decifrava o seu significado. Não lhe foi sempre fácil. Ela sabe que uma coisa é viver o que se passa, uma outra é compreender os favores de que fomos objeto, pequenos e grandes, vós não a recusais, Senhor, a quem lhe pede. Aliás a Escritura pode-nos ajudar. Tal cena do Evangelho ou de qualquer outro livro pode ser, para nós, um espelho revelador de vossas iniciativas de ternura. Teresa, porém, prossegue, com muito realismo e não sem humor:

"Sou vossa, (...)

porque me suportais;

porque me esperastes;

Vossa,

porque não me perdi".

Ela tem consciência de sua miséria, de suas lentidões. "Tarde vos amei, Beleza Suprema", Santo Agostinho já escrevera.

Mas vós sois paciente, Senhor. Vós o sois porque sois forte. Vós não fracassais. Tirastes de uma extensa linhagem de heróis e de santos, mas também de notórios pilantras, como o atesta a genealogia do Evangelho segundo Mateus, a "menina maravilhosa" de quem fala Bernanos, que destinastes a se tornar a mãe de vosso Filho. Pois vós sabeis esperar. Não ficais desconcertado com a fraqueza do homem. Teresa de Lisieux não vos recusou nada desde a idade de quatro anos. Foram precisos dez anos mais para Teresa D'Ávila chegar ao mesmo ponto.

Quando se compreende esta verdade tão simples, tudo muda. Como um ambiente de vida miserável pode ser transfigurado pelo raio de sol que o atravessa. As realidades mais elementares de cada dia, o pão cotidiano, a saúde, um lugar ao sol, o calor de uma afeição, a própria virtude que se pode desdobrar, todas as coisas de que temos tendência a olhar como de *direito nosso*, tudo isso aparece então como um *dom* de vossa mão, Pai, uma iniciativa de ternura de vossa parte. O que temos, o que somos, nós vos damos em troca no louvor e na ação de graças. Não é mais questão atribuí-los ao nosso próprio mérito, muito menos para se envaidecer.

Mas também as situações dolorosas, os obstáculos "incontornáveis", compreendemos que, por nossa vez, devemos assumir na paciência e no abandono. Os acontecimentos infelizes estão carregados também de significação. E vossa ternura, Senhor, de que temos certeza em razão de vossos benefícios, saberá tirar deles alguma coisa de bom para nós.

Terceiro dia

MERGULHADA NO INFERNO...

Muito tempo depois que o Senhor me concedera numerosos favores de que falei, como outros muito grandes, um dia em que eu estava em oração, de repente, sem saber como, pareceu-me que estava toda inteira mergulhada no inferno. Compreendi que o Senhor queria mostrar-me o lugar que os demônios me haviam preparado e que o havia merecido por meus pecados. Foi muito breve, mas mesmo se eu viver muitos anos, creio que me será impossível esquecê-lo. A entrada parecia uma espécie de ruazinha muito comprida e estreita, uma espécie de forno muito baixo, sombrio e apertado. O solo me pareceu coberto de uma água barrenta muito suja, de odor pestilencial, pululando de pequenos répteis repugnantes. Via-se na extremidade uma concavidade, como um armário embutido na muralha. Foi lá que me colocaram, muito apertado. Tudo isso era prazeroso em comparação ao que eu sentia.

O que eu sentia não se pode tentar expressar, nem compreender. Tinha na alma um fogo que eu seria incapaz de definir ou descrever. As dores eram tão intoleráveis que eu que as suportei muito graves nesta vida, e, segundo dizem os médicos, das mais terríveis que se possam sentir nesta terra, (...) tudo isso não é nada em comparação com o que senti ali, sabendo que isso seria sem fim, sem cessar.

(...) É dizer pouco que sem parar arrancam-lhe a alma, poder-se-ia crer que qualquer um tira-lhe a vida, enquanto aqui a alma dilacera-se a si mesma.

(...) Mais tarde tive outra visão de coisas espantosas e do castigo de alguns vícios. Isso me pareceu muito mais espantoso de se ver, mas como não sentia nenhum sofrimento com isso, tive menos medo; na primeira visão aprouve ao Senhor que eu ressentisse realmente no meu espírito essas aflições e essas torturas, como se meu corpo as experimentasse.

(...) Fiquei tão espantada que ainda estou agora ao escrever isso (...). Não me lembro, pois, de ter sofrido penas nem dores sem pensar que tudo o que se pode suportar aqui não é nada; creio, portanto, que na maior parte do tempo nós nos queixamos por nada. Isso foi, o repito, uma das maiores graças que o Senhor me fez. Ajudou-me imensamente a não mais ter medo das tribulações e contradições desta vida e a esforçar-me para suportá-las, dando graças ao Senhor que, parece-me agora, livrou-me de males tão perpétuos e terríveis (V, 32/1-4).

Visão mórbida? Graça preciosa, por que seria eficaz, inspirando terror? Nada disso. Não precisa passar ao lado deste texto. Apesar de suas aparências terríveis, dá-nos uma perspectiva justa, não do mesmo modo do pecado e da salvação. Ou antes da condição do pecador salvo.

Notamos, de entrada, o tempo da visão. Há muito tempo que Teresa recebe favores excepcionais. Ao menos há cinco ou seis anos. Há muito tempo, sabe ser amada por Deus e não pode conceber sua vida a não ser como acolhida a este amor. Pode compreender agora em que consiste a salvação que o Senhor lhe concedeu. Está em condições mesmo de avaliar o caráter precioso de seu resgate. Assim, alguém, tendo escapado de raspão de um perigo mortal, pode sentir com alegria como é bom estar vivo.

Sem dúvida, a visão de Teresa é dependente do ensinamento de seu tempo. É também de seu temperamento: para uma mulher como Teresa que tem o culto da limpeza, tudo aqui é sujo, repelente; para uma alma apaixonada pela liberdade, o castigo é estar "no armário", apertada. Nota-se, contudo, uma perspectiva teológica, profundamente justa: é a alma que se dilacera a si mesma, sabendo que é feita para Deus, tendo sua felicidade somente nele e, contudo, fixada numa vontade de recusa.

"O lugar que os demônios haviam preparado-me." Notar-se-á que são os demônios, e não o Senhor, que atraem ao inferno. Mas será preciso entender que haverá para cada um de nós uma espécie de armário que nos esperaria com uma plaqueta com nosso nome? Pode-se duvidar! Não seria mais justo pensar que, debaixo desta linguagem imaginosa, Teresa que, sem dúvida, nunca pecou gravemente, tomou consciência da presença nela de uma dinâmica do mal, como uma curva, cuja risca seguiria até o desfecho, isto é, até a recusa consciente e obstinada da felicidade da amizade divina. É pouco, aliás, dizer que ela a teria *percebido*. Diz-nos tê-la *vivido*, experimentado.

Mas ela a experimentou numa perspectiva de salvação. É preciso ver a mensagem que passa através dessas linhas. Não é: "Cuidado para não me ofender!" Mas sim: "Olhe de que abismo eu tirei você!" De modo que os frutos dessa visão são antes de ação de graças. Aquele que se abriu à salvação que Deus propõe, descobre a extensão do dom que lhe é dado. Correlativamente, sem dúvida, a luz do amor divino a torna lúcida sobre sua miséria. Lucidez dolorosa que pode fazer brotar lágrimas, mas de reconhecimento, assim como de arrependimento e de confusão.

Ao mesmo tempo, esta tomada de consciência estimula em vez de paralisar. Conhecemos uma pessoa curada do medo de tempestade por ter passado noites debaixo de bombardeios. Assim, Teresa compreende que as penas desta terra não têm comparação com o que nos espera na eternidade. Isso ela traduz: "A maior parte do tempo nos queixamos por nada". Daqui para a frente, sua coragem se alimentará ao mesmo tempo desta certeza de ser amada e libertada, assim como desta lucidez segundo a qual "tudo não é nada" em comparação com o único necessário.

Senhor Jesus, é bom compreendermos, no seguimento de Teresa, o que é exatamente a miséria de que nos livrais. Existe em cada um de nós, como nela, uma dinâmica do mal, uma inclinação à recusa. Em nós, essa dinâmica tem raízes profundas: pode ter sua origem num temperamento, numa fisiologia; ou nascer de feridas psicológicas da infância. Pode ser até o preço de uma qualidade, o reverso, pode-se dizer, de nossa graça própria. Assim há, por exemplo, o dinamismo de uma natureza rica que não presta atenção à fraqueza de outrem. Mais que os atos cometidos, essa dinâmica constitui "nosso pecado" fundamental. Em cada um de nós, tem sua coloração particular, assim como cada um, desde sua mais tenra idade, tem sua própria maneira de dizer não: um não carinhoso, encantador, raivoso, obstinado, tranquilo, provocador. Há de todos os matizes. Deixemos crescer em nós esta dinâmica. Ela devorará tudo e nos conduzirá à recusa obstinada de Deus, dos outros e de nós mesmos no que somos chamados a ser fundamentalmente. E disso, Senhor, é que fomos salvos.

Oh!, sem dúvida, é-nos preciso para isso combater, corrigir-nos, como se diz. Mas esse esforço — necessário — permanece inadequado. Sois vós, Senhor Jesus, que nos salvais. Como tem razão, Santo Inácio, de dizer a seu retirante que todo olhar voltado sobre si mesmo deve terminar em uma conversa com a Misericórdia, num olhar sobre o Crucificado! E quando vós salvais, Senhor, as coisas se passam, em geral, na ordem inversa: é o amor que acendeis primeiro na alma. É este amor que a torna lúcida a respeito de sua própria miséria, seu pecado ao ponto de suscitar um sofrimento intolerável. Sofrimento de purgatório, purificador, santificador. Destinado a se transformar em ação de graças.

"Eu sou vossa, Senhor, porque me resgatas; vossa porque não me perdi."

Quarto dia

EU ERA DEVOTA FERVOROSA DA GLORIOSA MADALENA

Minha alma estava já entediada, porém, apesar de meu desejo, meus miseráveis hábitos não me deixavam tranquila. Aconteceu que um dia, ao entrar na capela, vi uma imagem colocada ali. Fora levada para certa festa que se celebra em casa. Representava um Cristo todo coberto de chagas e inspirava tan-ta devoção que sua vista me perturbou toda, pois representava bem o que ele sofreu por nós. Experimentei um tal pesar de ter mostrado tão pouco reconhecimento por suas chagas que pensei que meu coração partia-se em mim e lancei-me diante dele, derramando torrentes de lágrimas, suplicando-lhe fortificar-me uma vez por todas a fim de não ofendê-lo mais.

Eu era muito devota da gloriosa Madalena, pensava muitas vezes na sua conversão, em particular quando comungava. Com a certeza de que o Senhor estava ali em mim, ajoelhei-me a seus pés e minhas lágrimas não me pareciam desprezíveis. Não sabia o que dizia, aquele que me permitia derramá-las por ele fazia muito, porque logo me esqueci desses pesares, e recomendava-me a esta gloriosa santa a fim de obter meu perdão.

Mas dessa vez, a imagem de que falo fez uma impressão maior sobre mim: já desconfiava muito de mim e colocava toda minha confiança em Deus. Parece-me ter-lhe dito então que não me levantaria se ele não realizasse o que lhe pedia conceder-me. Creio verdadeiramente que tirei proveito disso, pois me corrigia muito a partir deste momento (V, 9/1-3).

Isso situa-se, sem dúvida, em 1554. Teresa é quase quarentona. Depois da morte de seu pai, dez anos se passaram. Ela não abandonara mais a oração. Na comunidade é tida, com justiça, como religiosa exemplar. Contudo não está satisfeita. Muitas imperfeições escapam-lhe, muitos dos seus hábitos deixam a desejar. Gostaria de contentar o Senhor em tudo, não lhe recusar nada. Mas sente muito bem que de si mesma não atingirá esse objetivo. Então, como a pecadora do Evangelho em quem, com toda sua época, reconhece Maria Madalena, ela se lança aos pés do Senhor e suplica-lhe virar a página de sua vida porque de si mesma não pode consegui-lo.

Duas observações a propósito deste acontecimento capital na vida de Teresa. Primeiro: é Deus quem dá a salvação, não é o homem que a realiza com seu próprio esforço. Depois: este Deus que salva é para Teresa, como para todo cristão, "o Bom Jesus". "Tu lhe darás o nome de Jesus. Pois é ele que salvará seu povo de todos os seus pecados" (Mt 1,21).

Este Deus que salva arranca integralmente o homem de sua miséria. "Eu sou a salvação de meu povo, diz o Senhor. Qualquer que seja o sofrimento, a partir do qual clamarem por mim, eu os escutarei" (Intróito do XX domingo depois de Pentecostes nos antigos missais). Quando Jesus, no Evangelho, anuncia o Reino, apresenta os sinais ao livrar as pessoas de qualquer dificuldade: os noivinhos de Caná de uma confusão de pouca monta. Aos que o acompanham ao deserto liberta da fome. Cura os doentes de incômodos de toda espécie: físicos, ou diríamos hoje, também dos problemas psíquicos ou psicossomáticos. Arranca até os mortos de seu sono. Sem dúvida, é somente uma vitória temporária. O triunfo definitivo de todo mal virá de sua própria ressurreição. Mas essas vitórias são sinais: o incômodo físico e a própria morte não terão a última palavra contra o homem.

Contudo Jesus salva atacando a raiz do mal. Esta se encontra no coração do homem e se chama pecado. Jesus não procura melhora física que não seja acompanhada da cura do coração: "Vá em paz, seus pecados lhe são perdoados", diz ao paralítico (Mt 9,2). Inversamente, aliás, muitas curas morais, recuperações ao nível da consciência, têm também felizes consequências na esfera psíquica e mesmo física.

Mas é preciso ir mais longe se queremos tomar consciência da dimensão total da salvação que Cristo nos traz. Porquanto, de acordo com a observação judiciosa de André Malraux ao estudar a iconografia cristã na época agitada da guerra dos Cem Anos e da Peste Negra, veem-se então muitas representações de demônios, como se o homem tomasse consciência que o jogo do bem e do mal tem dimensões que o superam. Isso é verdade: o homem se vê às voltas em um combate maior do que ele. E Jesus expulsa os demônios. Qualquer que seja a interpretação teológica que se possa dar a esses episódios, eles querem mostrar que Jesus é quem controla esse jogo, inclusive naquilo que São Paulo chama de "potências". Não há, pois, aspecto algum do mistério do mal de que o homem não possa ser libertado pela força do Salvador.

É necessário ainda ver que ele não salva nunca de maneira automática. Ele respeita demais o homem para não deixar de fazer dele o instrumento associado de sua própria salvação. Quando promete a seu povo a terra de Canaã, não se compromete a fazê-la cair em suas mãos sem esforços. "Eu vos prometo em herança a terra de Canaã", isso quer dizer: "Eu vos prometo a coragem necessária para conquistá-la". De modo que, ao termo, o homem possa constatar que a salvação, em seu nível humano, é inteiramente dele, e em nível da graça, inteiramente de Deus.

Isso acarreta certo número de consequências as quais, Senhor Jesus, não prestamos sempre suficiente atenção. Primeiro nos ensinais a ser pacientes. Não se faz crescer uma planta arrancando todas as suas folhas. A maturação de um fruto não se faz sem o tempo. Não serve para nada querer forçar o processo. Também não se chega da noite para o dia à estatura do homem perfeito em Cristo. Sois paciente conosco, Senhor, porque sois forte e sabeis esperar a vossa hora. E a nossa.

E portanto, Senhor, ensinai-nos a não nos escandalizar com a defasagem que pode existir no homem entre a conversão espiritual e a conversão psicológica. Não somos anjos. O espírito está pronto, mas a carne é lenta e fraca. Depois da graça recebida diante de vossa imagem, Teresa não vos recusou mais nada consciente e voluntariamente. Com certeza, pode-se dizer isso.

Mas lhe restam amizades que, embora boas e de modo nenhum ofensivas para vós, ocupam ainda bastante lugar na sua vida. Ela vai tentar, com grandes esforços, desembaraçar-se delas. Mas em vão até que vós, Senhor, intervenhais. "Tinha tanta pena em ter renunciado a isso, como a uma coisa que me parecia não ter inconveniência: mas, naquele dia, o Senhor me deu a força e a liberdade de agir" (V, 24/7). Cada coisa a seu tempo. E até o fim de nossos dias, escapar-nos-ão fraquezas, imperfeições devido à nossa miséria, a nossas fragilidades, a nossas feridas psicológicas. O ideal da perfeição cristã não é de uma estátua sem defeito, mas de um ser arrebatado pelo amor que responde a vós, Senhor, amor com amor.

Ora, esta mesma miséria que permanece sempre, apesar de nossos esforços, e nos faz sofrer, é um excelente alimento para o fogo do amor. Pedir-vos perdão, Senhor, de uma fraqueza que nos escapa, mais ou menos involuntariamente, é ainda vos dizer que sois amado. Quando se é assim, o Adversário não tem por onde nos pegar: nossas próprias faltas são ocasião de progresso no amor. É dizer que vossa iniciativa é total, que tomais as rédeas de nossa existência e que mereceis plenamente, a nossos olhos, o nome de Salvador.

Quinto dia

CRISTO É UM BOM AMIGO

Sendo Deus, vejo que ele é Homem, que não se admira de modo algum das fraquezas do homem, compreende nossa natureza miserável, sujeita a cair muitas vezes, em consequência do pecado que veio reparar. Embora seja o Senhor, posso tratá-lo como amigo (...) (V, 37/5).

Trate-o como pai, irmão, mestre, como esposo, ora de uma maneira, ora de outra. Ele mesmo lhe ensinará o que você deve fazer para contentá-lo (C, 8/3).

Fui durante toda minha vida muito devota do Cristo (...). Por ser grande minha devoção a ele, (...) eu voltava sempre ao costume de me alegrar na companhia do Senhor, especialmente quando comungava. Quereria conservar diante dos olhos seu retrato ou sua imagem, pois não podia guardá-la na minha alma tão profundamente como teria querido. É possível, meu Senhor, que meu pensamento teria admitido, nem que fosse por uma hora, que me impediríeis atingir um tão grande bem?

Donde me vieram todos os bens senão de Vós? (...) (V, 22/4).

Todos os bens nos vêm deste Senhor nosso. Ele instruirá vocês. Considerem sua vida, é o melhor modelo. Quem queremos ter de melhor a nosso lado, senão um tão bom amigo que não nos abandonará nas penas e nas tribulações, como o fazem os deste mundo? Bem-aventurado aquele que o ama e o guarda sempre junto de si. Olhemos o glorioso São Paulo: dir-se-ia que Jesus estava sempre a sair de sua boca, a tal ponto ele o guardava presente em seu coração. Depois que compreendi isso, considerei com atenção alguns santos, grandes contemplativos, e eles não seguiam outro caminho. São Francisco o mostra por seus estigmas. Santo Antônio de Pádua pelo Menino. São Bernardo encontrava suas delícias na sua Humanidade, Santa Catarina de Sena e tantos outros (...) (V, 22/7).

Creio ter feito entender quanto importa, por mais espiritual que a gente seja, não fugir das coisas corporais ao ponto de imaginar que a Santíssima Humanidade possa prejudicar-nos. Alega-se que o Senhor disse a seus discípulos que era melhor que partisse. Não posso admitir isso (6M, 7/14).

De que se arrepende Teresa na passagem citada do capítulo 22 de sua *Vida*? Capítulo chave de sua doutrina que retomou mais concisamente no *Castelo Interior* (6M, 7). Sob a influência de certos mestres espirituais, acreditou algum tempo ter de praticar a técnica do "vazio mental", procurando imitar, por seu próprio esforço, esta suspensão das atividades psíquicas que Deus concede nas orações sobrenaturais. Nessa perspectiva, a Santa Humanidade do Senhor, como todas as mediações criadas, deve ser afastada. Não faltavam autores espirituais de renome que preconizavam essa atitude, trazendo em apoio à sua tese a palavra de Jesus depois da Ceia: "Para vós é bom que eu vá" (Jo 16,7).

Teresa volta a isso no *Castelo Interior*: "Vi claramente que estava no mau caminho (...). Não via a causa e teria sido, creio, incapaz de compreendê-la (...) até o dia em que falei de meu modo de oração a uma pessoa serva de Deus, que me advertiu" (6M, 7/15).

Quem é esta pessoa serva de Deus? Talvez São Pedro de Alcântara ou São Francisco de Borja. Talvez simplesmente o padre Diego de Cetina, o primeiro jesuíta a quem se dirigiu. Seus amigos de Ávila, se bem que um tanto dados à teologia, perdiam seu latim diante de seu caso. Aconselharam-na a apelar a um desses religiosos da recente Companhia, fundada pelo padre Inácio de Loyola, que acabava de se estabelecer no colégio São Gil. Ela viu chegar um jovem padre de vinte e cinco anos, recém-ordenado, e em cujos talentos seus superiores só confiavam moderadamente. Servo de Deus, ele viu claro onde os outros não tinham visto nada. Compreendeu este "monumento" de graças extraordinárias que era Teresa. Prescreveu-lhe, como um médico dá uma receita, de se deter cada dia num detalhe da Paixão (V, 23/17).

Para dizer a verdade, ele pregava a uma convertida. A própria Teresa nos diz: "Fui, durante toda minha vida, muito devota do Cristo". Ainda pequena, na casa de seu pai, demorava seu olhar num quadro de Jesus e a Samaritana. Ela era a samaritana diante de Jesus que lhe prometia a água viva. Mais tarde será Verônica, tão desejosa de enxugar a face de Jesus e seus suores dolorosos, ocorridos na Agonia. Sempre terá como modelo Maria Madalena assentada aos pés do Senhor, acolhendo sua mensagem e fazendo-lhe a homenagem de um coração que escuta.

Pois "este Deus que não o deixa de ser, eu vi que é homem". A religião de Teresa é uma religião "encarnada". O Deus ao qual se dirige é o Deus de rosto humano, aquele que se tornou por nós o carpinteiro de Nazaré. A garotinha que "queria ver Deus" jamais aspirou, salvo em alguns meses em que seguiu os caminhos do *"não pensar nada"*, a não ser vê-lo nesta Humanidade santa que continua sendo o caminho necessário. Nada de comum entre ela e esses místicos orientais ou ocidentais que preconizam um método de contato direto com "o Divino". Cristã, aprendeu a amar "o Bom Jesus" e, desde sua tenra infância até às Sétimas Moradas, não conhecerá outro Deus. É nele que "no Espírito, ela tem acesso ao Pai" (Ef 2,18).

Daí suas práticas ingênuas, não somente no tempo de sua procura intensa, mas ainda depois, quando o Senhor empolgou definitivamente sua vida. Em 1571 ela anota: "Há mais de trinta anos que comungo neste dia (de Ramos) (...). Pensava que os judeus tinham sido muito cruéis, deixando-o fazer sua refeição bem longe, depois de tê-lo recebido tão solenemente, e eu procurava retê-lo perto de mim, em um péssimo albergue segundo seu modo de julgar hoje. Tais eram as considerações ingênuas às quais me entregava (...)" (FVD, Ávila, abril de 1572).

Daí ainda sua maneira familiar de falar dele, como um companheiro de caminhada, cuja convivência alcança um conhecimento ao mesmo tempo íntimo e concreto. "Meu Deus não é de modo algum suscetível (...). Não é minucioso, mas magnânimo (...). Ele é muito bom pagador. Paga escrupulosa e largamente (...). Não gosta que quebremos a cabeça em lhe falar muito." Essas expressões que esmaltam principalmente o *Caminho da Perfeição* mostram ao mesmo tempo quem é Jesus de Teresa e quem é Teresa de Jesus.

Estamos no termo de uma longa história que precisaremos logo percorrer com ela. Mas desde já deixemo-nos guiar por seu ensinamento. "Mestre quem és tu?" Essa pergunta não pede de nós a resposta recitada de cor do pequeno catecismo; muito menos o conhecimento dos concílios cristológicos. Ela espera uma resposta existencial: "Tu és aquele a quem me entreguei: aquele que me fez o que sou". De modo que não podemos nos dar conta da esperança que está em nós — dizer quem é o Senhor — sem nos envolver a nós mesmos e testemunhar nossa própria história, aquela que vivemos de acordo com ele.

Mas antes que comece para nós esta história — ou ela parta para uma nova etapa — precisamos lembrar-nos desta Aliança à qual somos convidados pelo Mestre: "Seguir-te-ei, Senhor, para qualquer parte para onde fores. Para o que der e vier. Para ficar contigo como Maria assentada a teus pés ou para ser teu vaso de eleição como Paulo. Na solidão escondida de Ávila ou nos caminhos de suas fundações".

De resto, a convivência com o Mestre não é puramente platônica. Exige obras. Teresa trabalhará para Jesus e com ele. Cada uma de suas fundações é para ela o meio de procurar a glória deste Senhor, nem que fosse apenas uma presença eucarística a mais, oferecendo-se à homenagem das monjas e dos fiéis. Quantas vezes, devorada pela febre, sofrendo em todos os seus membros, não readquiriu vigor e dinamismo ao simples pensamento que se tratava de servir a este bom Mestre? Citemos por exemplo a fundação de Palência: "O demônio e a doença me amarravam (...). Nosso Senhor me disse em tom de censura: Que temes? Quando te faltei? Ó grande Deus! Como vossas palavras diferem das dos homens! Elas me insuflaram tanta coragem e decisão que o mundo inteiro em vão poderia se opor a mim (...). Pus mãos à obra" (F, 29/6).

Senhor, se tu decides um dia, como quiseres, quando quiseres, de te comunicares a mim, é preciso que, desde agora, eu me ponha seriamente a te procurar. "Onde moras?", perguntaram-te André e João quando te seguiram. É a pergunta que te faço ainda hoje. Onde moras? Isto é, onde posso te encontrar na situação concreta que é a minha? Qual o passo que me pedes andar agora na tua direção?

Sexto dia

DEPOIS DE TER VISTO A GRANDE BELEZA DO SENHOR

"Volto à narração de minha vida (...) e às ardentes orações que se fazem para que o Senhor me conduza por um caminho mais seguro, pois se julgava tão suspeito aquele que eu seguia (...).

Eis o que me aconteceu ao cabo de dois anos passados a rezar, com outras pessoas, para obter do Senhor a referida graça: que ele me conduza por outro caminho ou que proclame a verdade (...). Um dia em que se celebrava a festa do glorioso São Pedro, vi, na oração, ao meu lado, ou para dizer melhor, eu senti, pois não vi nada nem com os olhos do corpo, nem com os da alma, mas tive a sensação que Cristo estava a meu lado, cri que foi ele que me falava. Como ignorava totalmente que essas visões podiam ser produzidas, tive grande medo no começo e só pude chorar. Mas quando me disse uma só palavra tranquilizadora, encontrei-me tranquila como habitualmente, feliz, e sem nenhum temor. Parecia-me que Jesus Cristo estava constantemente a meu lado, e como não era uma visão imaginária, não o via sob alguma forma, mas eu o sentia sempre muito claramente à minha direita, era testemunha de tudo o que fazia (V, 27/1-2).

Um dia em que eu estava em oração, aprouve ao Senhor mostrar-me suas mãos, tão admiravelmente belas que não saberia descrevê-las (...). Alguns dias mais tarde, vi este divino rosto que me absorveu completamente (...). Um dia pela festa de São Paulo, na missa, esta Humanidade Sagrada se mostrou totalmente (...) (V, 28/1-3).

O Senhor me aparecia quase sempre ressuscitado, mesmo na Hóstia, exceto algumas vezes, nas quais para me dar coragem quando estava atribulada, mostrava-me suas chagas. Eu o vi algumas vezes na cruz, no jardim das Oliveiras, ou coroado de espinhos, mas raramente. Eu o vi também levando sua cruz, a propósito, como lhe disse, de minhas necessidades, mas sempre em sua carne glorificada (V, 29/4).

É preciso agora seguir Teresa na sua longa aventura com Jesus. Estamos em janeiro de 1560. Ou talvez em junho do mesmo ano. A primeira experiência da presença do Cristo, de que fala aqui Teresa, não é um simples acontecimento entre outros na sequência de suas graças místicas. Situa-se em uma dinâmica cujo desenho causa nossa admiração. Nossa santa procurou muito tempo a companhia do Senhor. E eis que depois da cena do Cristo chagado em 1554, Jesus veio a seu encontro docemente, progressivamente, como que para cativar a Bem-Amada. Deu-lhe primeiro graças de oração sobrenatural, nas quais ela se sente tomada, capturada por uma força misteriosa. Depois a faz ouvir (interiormente, não como as vozes de Joana d'Arc) palavras apenas destacadas da Escritura. Ela não duvida da origem divina dessas experiências. Aliás, julga a árvore por seus frutos: os progressos que faz no recolhimento, na paz, na caridade estão lá para testemunhar. Mas essas graças vêm acompanhadas de êxtases que se sobressaem na crônica e fazem suspeita de iluminismo ou de possessão diabólica. Então os que a cercam ficam em dúvida: não somente o pequeno mundo religioso de Ávila, que toma partido a favor ou contra ela, mas até seus confessores ou consultores que não sabem a que santo recorrer. Sofre mil mortes com isso. Reza e se reza com ela para que a luz se faça. E eis que, como Paulo no caminho de Damasco, Jesus responde. Entre Estevão e Paulo, o desacordo era total: Estevão ao morrer viu Jesus vivo à direita do pai, e Jesus disse a Paulo: "Estevão tem razão. Eu sou Jesus a quem tu persegues". Igualmente Teresa rezou para que a verdade se fizesse. E Jesus responde. A seu modo.

Essa resposta, como todo favor divino, lhe é dada "a serviço". Está na vida de Teresa, o equivalente da visão inaugural de um Isaías, de um Jeremias, de um Ezequiel, profetas do Antigo e do Novo Testamento. Teresa é constituída testemunha da experiência cristã. Terá a missão de proclamar ao povo de Deus: "O que possuímos na fé, esta presença do Cristo ressuscitado, não é um artifício. O Senhor eu encontrei, sua presença eu vivi e experimentei".

Não é mais que uma visão inaugural, mas vai desenvolver-se. O Senhor faz Ezequiel e São João comerem o livro da Palavra. No momento em que a Inquisição coloca no Índex os livros de piedade, escritos em linguagem popular, Jesus apenas lhe promete: "Não receias, minha filha, eu te darei um livro vivo" (V, 26/5). Eis que esse livro desdobra agora suas páginas diante dela.

Durante uma dúzia de anos, Teresa foi gratificada com frequentes experiências da presença de Jesus. Presença acompanhada de visões em imagens: visões furtivas, rápidas, totalmente interiores (ela não vê com os olhos do corpo, como Bernadete em Lourdes), mas com um brilho extraordinário e carregadas de uma profundidade insuspeitada de significação. Às vezes, são-lhe dadas também visões intelectuais, compreensões saborosas, embora limitadas, dos mistérios mais insondáveis, como o da Santíssima Trindade. O Senhor, como verdadeiro livro vivo, vai instruí-la por si mesmo. E, caso único na história da mística, conceder-lhe-á luzes sobre a totalidade do dado revelado, tal como foi ensinado no seu tempo: da Trindade, em virtude da água ben-ta (V, 32/4), dirá jocosamente um de seus comentadores.

Assim Teresa, quando consigna por escrito, por ordem de seus confessores, as graças que recebeu, torna-se uma testemunha de primeira ordem. Um profeta, diríamos. Pois, conforme a palavra célebre de Bergson, é em caracteres de fogo que ela repassa a letra do dogma. Naturalmente tão persuasiva, torna-se ao mesmo tempo doutora e profeta. Todo aquele que entra com ela na narração de sua aventura só pode ficar aquecido, senão em chamas como Teresa.

E é bem de uma aventura que se trata. No sentido amoroso do termo. De agora em diante instaura-se entre Jesus e Teresa um companheirismo de cada instante. Jesus tem a iniciativa. Manifesta-se à bem-amada quando quer: para dar-lhe segurança, encorajá-la, esclarecê-la, repreendê-la às vezes também (e então não sabe, diz ela, "onde se forrar"). Ele a acompanha, caminha a seu lado (direito, explica ela). Ele é o companheiro, como o foi para os peregrinos de Emaús ou para os pescadores do lago. Foi também o *"Rabboni"* de Madalena e, como esta, retira-se muito depressa. Depressa demais, no parecer da bem-amada, que gostaria de ver durar sempre esses instantes de Tabor e que, por isso, só tem uma pressa: morrer para encontrá-lo definitivamente.

Tudo isso se passa de 1560 a 1572, isto é, no momento em que Teresa empreende a reforma do Carmelo e suas primeiras fundações. Sua aventura interior não a impede de ter os pés no chão. Contudo sente-se dividida, como São Paulo, que gostaria de morrer com o Cristo e compreende que as necessidades da missão o constrangem a se gastar pelo povo de Deus (Fl 1,21-22).

Teresa vai conhecer uma evolução semelhante. Em 18 de novembro de 1572, ouve Jesus lhe dizer: "Nada poderá te separar de mim

(...). Tu serás minha esposa. Minha honra é a tua. A tua é a minha" (FVD). Mais tarde, ela narrará o mesmo acontecimento em termos mais sucintos: "Ocupa-te de meus negócios que eu cuidarei dos teus" (7M, 2/1). Desta vez a tensão se resolve. Teresa não é mais a noiva bem-amada, loucamente enamorada. É a esposa na posse calma de sua felicidade. O casamento é para sempre. Tudo lhe é comum com Jesus daqui para a frente: honra mas também negócios. O lado idílico da aventura vai desvanecer-se para dar lugar a uma vida a dois que vai, sobretudo, tornar-se um trabalho a dois.

Pois durante os dez anos que lhe restam de vida, Teresa não vai conhecer mais experiências místicas extraordinárias. Jesus não se manifesta mais a seu lado, porém no mais profundo de sua alma, lá onde reside a Trindade Santa. Ela é o sarmento. Ele a videira: suas obras são comuns. Teresa de Jesus realiza as obras, mas as marca com seu próprio gênio. Que se trate de suas fundações, da tenacidade na doença ou nas provações, de sua correspondência, ou da redação de sua obra prima *"O Livro das Moradas"*. A Teresa definitiva não é aquela que Bernini imortalizou, desfalecida sob o dardo do querubim, mas esta mulher ativa que une ao mesmo tempo Marta e Maria e permanece com seu Senhor mesmo no meio de suas panelas.

Que podemos nós fazer, Senhor, com esta maravilhosa história de amor? Invejar as graças que Teresa recebeu? Estas não são a santidade. Se tu lhas deste, foi para nossa edificação, para corrermos a ti no seguimento da bem-amada, no odor de teus perfumes. Para compreendermos também, a partir de uma mulher viva — e não de uma estátua — as verdades que ela tocou com o dedo e que nós possuímos "na obscuridade", na fé. Para captarmos, em particular, segundo o ensinamento de São Paulo, que o mistério de Cristo ressuscitado é muito rico para se esgotar em uma única fórmula. A vida cristã, segundo as duas etapas percorridas por Teresa, é uma vida *com* Cristo como companheiro de caminhada, e *em* Cristo por esta misteriosa pertença a seu Corpo.

Além disso, acontece também, às vezes, Senhor, de sermos gratificados, na oração ou fora dela, com certos favores que nos aquecem o coração. Algum versículo da Escritura, lido vinte anos antes, revela-se desta vez como dito expressamente para nós. Tal detalhe de uma cena evangélica nos aparece portador de luz, de dinamismo, de alegria, de paz, a um grau até então insuspeitado. Serão o equivalente das visões de Teresa? O teólogo introduziria seguramente distinções de grau ou mesmo de natureza. Mas do festim com que gratificaste tua bem-amada, tu nos dás algumas migalhas ou alguns antegozos. E os reconhecemos, precisamente como tais, porque em sua experiência Teresa desfruta, em relação à nossa, do papel de "espelho de aumento".

Sê, bendito, Senhor, por ter-nos dado esta aventura de amor de Teresa, não para despertar em nós, não sei que espécie de inveja, mas para nos esclarecer e nos estimular neste caminho de união a ti na fé em que também tu nos esperas.

Sétimo dia

NÃO QUERO MAIS QUE TU CONVERSES COM OS HOMENS

(...) Minha alma estava longe ainda de ser forte, mas muito sensível, especialmente quando se tratava de renunciar a certas amizades que, contudo, não ofendiam a Deus (...). Ele (meu confessor) me pediu confiar isso a Deus durante alguns dias e recitar o hino Veni Creator *a fim de que me esclareça sobre o que vale mais. Um dia em que ficara por muito tempo em oração, e suplicara ao Senhor que me ajudasse a contentá-lo em todas as coisas, (...) fui tomada por um arrebatamento tão repentino que me pôs fora de mim (...). Ouvi estas palavras: "Não quero mais que converses com os homens mas com os anjos".*

(...) Isso se realizou tão bem, pois nunca mais pude iniciar uma amizade, nem receber consolações, nem sentir um amor particularmente vivo se não se

tratasse de pessoas de quem ouço falar que amam Deus deste modo e procuram servi-lo (V, 24/5-6).

Tinha eu um grande defeito que me prejudicou gravemente. Assim que alguém tinha afeto por mim, se me agradava, deslumbrava-me a tal ponto que minha memória enfeudava nele meu pensamento. Sem intenção de ofender a Deus, eu era contudo feliz em vê-lo, de pensar nele e nas boas coisas que via nele (...). Depois de ter visto a grande beleza do Senhor, ninguém, em comparação com ele, parecia-me bem, nem digno de ocupar-me (...). Minha liberdade daqui para a frente é tal que tudo o que vejo me desgosta, comparado às excelências e graças que vi neste Senhor. Não há ciência nem forma de prazer que não se dê por nada em comparação com uma só palavra desta boca divina (V, 37/4).

Amo sempre e muito aqueles que dirigem minha alma. Representam tão realmente Deus para mim que minha afeição a eles mais que a outros se apega, e como era sem perigo, eu lhes manifestava muita atenção. Quanto a eles, servos de Deus, que viviam em seu temor, com receio de que me apegasse a eles e a quem amo, mesmo santamente, manifestavam-me seu

> *desagrado (...). Eu ria à parte de seu erro e, sem lhes dizer também claramente que pensava em não me apegar a ninguém, tranquilizava-os, e quando me conheciam melhor, compreendiam o que eu devia ao Senhor* (V, 37/5).

Apreciar-se-á o sabor paulino (Fl 3,4-14) da passagem sobre a grande beleza do Senhor. Notar-se-á que a palavra ouvida no arrebatamento é um eco do mesmo São Paulo (Fl 3,20) na tradução latina conhecida de Teresa: "Nossa conversão é nos céus". Nossa doutora une-se assim ao ensinamento de São João da Cruz: em face do "tudo" que é a beleza de Deus, o resto, por mais respeitável, não conta "nada". Em particular as amizades mais queridas.

Teresa foi sempre muito dada à "convivência da amizade". Mocinha, jovem religiosa, era o polo de atração da casa familiar, como o foi no convento da Encarnação. Essa disposição, por algum tempo, levou Teresa a certa dissipação: amizades perigosas, senão para sua virtude, ao menos para seu recolhimento. Era ainda mais sedutora para as pessoas honestas, pois podiam perceber sua grande pureza, sua incapacidade de admitir qualquer coisa que fosse contra a honra e, mais tarde, seu apego ao Senhor. Nada a admirar então que, dois ou três anos depois de sua conversão definitiva, esteja ainda às voltas com amizades que, certamente, não ofendem a Deus, mas ocupam muito lugar. "A afeição mútua era grande, tinha eu o direito de me mostrar ingrata?" (V, 24/5).

Contudo, este Deus que a conquistou é um Deus cioso. Ele quer o lugar inteiro no coração de Teresa. Esta quer "satisfazê-lo em tudo": reza, esforça-se para livrar-se desta amizade, ao ponto de ficar doente. Não consegue satisfazê-lo e acaba renegando a isso como se fosse algo sem inconvenientes (V, 24/7). Não é preciso minimizar o esforço de Teresa. Não é generosidade que lhe falta: é a luz do discernimento. E é por isso que o padre Juan de Pradanos, seu confessor no momento, recomenda-lhe invocar o Espírito Santo.

O Espírito intervém com a rapidez do raio. Liberta-a num instante daquilo que "a noite ativa" não conseguira afastar. Ele a faz renunciar a essa amizade que não era má, e a tudo colocar em ordem de acordo com as orientações de seu confessor.

É preciso deter-nos neste episódio, carregado de sentido. Teresa está aí como o jovem rico do Evangelho: "Se queres ser perfeito, vende o que tens e dá aos pobres". O que ela tem? Ela que fez voto de pobreza possui ainda as riquezas do coração. E eis que o Senhor lhe pede, como a Abraão, sacrificar seu único filho; fazer passar sua vida afetiva por uma espécie de ponto zero; aceitar verdadeiramente que, se o Senhor lhe pede, não tenha mais amizades humanas, nem convivência afetuosa com os humanos, mas somente com o mundo dos anjos, o da fé.

Notemos que, no momento deste apelo, Jesus ainda não se manifestou a ela. É um mergulho na fé que lhe é pedido, um abandono total ao bem-querer do Bem-Amado. Mas a palavra que ouve, diria João da Cruz, é uma "palavra substancial": realiza o que significa. Teresa vê, em um instante, que lhe é preciso cessar toda a procura pessoal de gratificação na esfera do coração. E seu coração está libertado.

É o mesmo que dizer que não conhecerá mais a alegria das afeições humanas? No mesmo momento em que narra esses fatos, nem o padre Jerônimo Graciano, nem Maria de São José, nem João da Cruz, nem Ana de Jesus, nem outros mais haviam cruzado seu caminho! Mas nada será mais como antes. Jesus apoderou-se de todas as suas potências de amar. Se ela ainda sentir afeição por alguém, será em razão do amor — em germe ou já bem avançado — que descobre nesta pessoa por aquele que é seu único amor. A afeição que testemunha — a "boa graça" manifestada a seus confessores não podia ser insignificante em alguém tão bem dotada! — não é diferente desta afeição que se permuta entre ela e Jesus. É Jesus que ela ama nesta pessoa. É Jesus que ama nela.

Mas Jesus nem por isso aniquilou Teresa. A graça transforma a natureza e não a mata; a Teresa afetuosa, cheia de *boa graça*, reconhecida — subornar-me-iam até com uma sardinha! — dará a plena medida de sua inteligência e de sua sagacidade. Ela saberá conviver com cada um de seus amigos, homem ou mulher, uma relação única de justiça que confina com o gênio: basta ler sua correspondência para se convencer disso.

É conhecida sua afeição pelo padre Graciano, ao ponto de constituir com ele uma dessas duplas como encontra-se na história da Igreja: São Francisco e Santa Clara, São Francisco de Sales e Santa Joana de Chantal, por exemplo. Ela manteve com a priora de Sevilha, Maria de São José, uma correspondência que exprime matizes da amizade mais íntima e mais livre. Rezou também pelo padre Garcia de Toledo, censor da *Vida* e do *Caminho da Perfeição:* "Considerai, Senhor, que convém que seja este homem um de nossos amigos!" (V, 34/8). Quinze anos depois, quando o mesmo padre Garcia volta da América, ela escreve à priora de Sevilha: "Mostrai-lhe muito boa graça, pensai que ele é um dos fundadores desta Ordem, que tanto me ajudou. Portanto, para ele, nada de véu (no rosto quando no locutório); mas para todos os outros sim, primeiramente para os Descalços!" (Carta de 8 de novembro de 1581).

Percebe-se que a afeição não faz a fundadora perder a cabeça! E exprime-se às vezes rudemente. O padre Bañez, a quem testemunhara muito boa graça, a esquecera... em favor de Maria Batista, priora de Valladolid e prima de Teresa. A Madre escreve-lhe: "Sabei que suas atenções por vós durarão até que se virem para outra que lhe agradar. Não tenhais medo, será assim tão obstante vossa presunção" (Carta de 8 de novembro de 1576). Pode-se ser santa e conservar sentimentos muito... femininos!!

Daí para a frente, Teresa vê cada um na luz de Cristo e por isso mesmo o aprecia no seu justo valor. Mas para chegar lá, foi-lhe preciso, lembremo-nos disso, o mistério pascal da morte e da ressurreição. Morte que se fez pela noite, mesmo que essa não tenha durado mais que o tempo de um relâmpago.

Em nossa época de pluralismo em que as relações privilegiadas são numerosas, Deus não quer matar as afeições, contudo quer que se equiparem com a sua quando reservou para si um coração.

"Tu nos fizeste para ti, Senhor, e nosso coração está inquieto enquanto não repousar em ti." Fazemos nossa esta prece de Santo Agostinho. Digna-te, Senhor, afastar de nosso caminho os obstáculos, a fim de que, quaisquer que sejam os anseios legítimos de nosso coração, este possa encontrar em ti seu repouso.

Oitavo dia

SÓ INSISTIREI SOBRE TRÊS PONTOS

Antes de falar do interior, que é a oração, exporei certas coisas que são necessárias às que pretendem seguir o caminho da oração.

Não pensem, minhas amigas e minhas irmãs, que eu vou exigir de vocês muitas coisas, praza ao Senhor que façamos o que nossos santos Padres ordenaram e eles mesmos observaram (...). Insistirei somente sobre três pontos que estão nas próprias Constituições (...). Um é o de nos amar umas às outras; o outro é o desapego de toda coisa criada; o outro, a verdadeira humildade que, embora a cite por último, é a principal e engloba a todas.

A primeira, que é a de se amar umas às outras, é de extrema importância; pois não há coisa desagradável que não se suporte facilmente, quando se ama e há muitas para nos desagradar. Se o mun-

do fosse observado como deve, creio que isso ajudaria muito a observar os outros. Seja por falta ou por excesso, jamais chegaremos a observá-lo perfeitamente. Parece que o excesso não seria mau entre nós, resulta, contudo, tantos males e imperfeições que é preciso ter visto com os próprios olhos para acreditar nisso.

(...) Quando se trata de melhor servir Sua Majestade, a afeição é acompanhada de paixão, mas ajuda a vencer outras paixões (...). Dessas amizades, quereria muitas nos grandes conventos, mas em nossas casas, onde não há mais do que treze religiosas, e este número não deve ser ultrapassado, todas devem ser amigas, todas devem amar-se, todas devem entreajudar-se; e cuidem de não ter preferências, por amor do Senhor (...) (C, 4/3...7).

Portanto, aqui, amar é a paixão de agir para que uma alma ame a Deus e seja amada; pois, como disse, essas almas sabem que nenhum outro amor dura. Esse amor lhes custa muito caro, elas fazem tudo o que podem para que seja um benefício. Dariam mil vezes sua vida para lhe fazer um pouco de bem. Ó precioso amor, à imitação do capitão do amor, Jesus, nosso bem! (C, 6/9).

Agora, pois, nosso primeiro esforço deve tender a nos desembaraçar do amor deste corpo. Somos algumas de uma natureza tão melindrosa que há muito a fazer, e somos tão amigas de nossa saúde que podemos louvar Deus pela guerra que nosso corpo nos trava, a nós, as religiosas em particular, e mesmo às que não o são. Mas somos algumas religiosas de quem se diria que entramos no convento somente para não morrer. Aqui, é verdade, não é fácil agir deste modo, mas eu gostaria mesmo que não se tivesse o desejo. Sejam firmemente resolutas, minhas irmãs, porque vocês vieram aqui morrer pelo Cristo e não ser mimadas pelo Cristo (C, 10/5).

Creiam, portanto, que aquele que não sabe colocar as peças do xadrez, jogará mal, e se não sabe jogar xadrez, não saberá dar xeque-mate (...). E quanto nos será lícita essa maneira de jogar, se à força de usá-la, dermos xeque-mate neste Rei divino, que não poderá escapar de nossas mãos e na verdade não o quer.

Nesse jogo, é principalmente a dama que faz a guerra (...). Não há dama como a humildade para obrigá-lo a se render (C, 16/1-2).

Deus nos guarde, por sua Paixão, de dizer ou pensar "eu sou a mais antiga", "eu sou a mais velha", "uma outra é tratada melhor do que eu", e ficarmos nisso. Esses pensamentos, se eles se apresentam, devem ser imediatamente repelidos. Parar nisso é fazer dele um assunto de conversa, uma peste que gera muitos males (C, 12/4).

Não se encontrará, em Santa Teresa, uma exposição sistemática da ascese, como se encontra em João da Cruz o detalhe das noites ativas dos sentidos e do espírito. Contudo, antes de dar no *Caminho da Perfeição*, seus conselhos sobre a oração, a Madre expõe a suas filhas o "clima" no qual desabrocha a união com Deus. Tudo é dito sobre a maneira amável e pouca pretensiosa segundo a qual as coisas lhe vêm ao espírito. Não nos enganemos todavia: a fundadora é também exigente como o doutor do "nada". Deus não poderia doar-se, o Rei não poderia deixar que lhe dessem xeque-mate a não ser em um coração em que nada lhe é subtraído.

Teresa que, criança ainda, tencionava ser mártir na terra dos mouros para conquistar a felicidade eterna a baixo preço, não mudou de perspectiva. A vida religiosa é para ela um apelo a tudo doar. O dom total está apenas esticado sobre um lapso de tempo mais longo, porém equivale sempre a uma verdadeira morte. Ouvimos de sua boca: "Vocês vieram morrer aqui pelo Cristo".

Talvez alguém se surpreenda com sua insistência que afirma limitar-se a três pontos. É verdade que antes, já no *Caminho da Perfeição*, falou sobre a pobreza. Alguns capítulos mais adiante, falará, a propósito da oração, de "determinação bem determinada" e da perseverança. Mas, ao olhar mais de perto, percebe-se que os três pontos citados aqui cobrem a quase totalidade da experiência humana. O amor ao próximo que descreve é um amor puro, desinteressado, desapegado do que seria a procura de si. Quanto à renúncia a suas comodidades, unida à humildade, representam o desapego de si mesmo, tanto no domínio do corpo como no da alma. É preciso notar finalmente que a humildade solapa na base qualquer volta a si mesmo na relação com Deus. A ascese teresiana é portanto total, radical.

Os diferentes pontos assinalados nestes capítulos, de que apenas demos alguns extratos, apresentam talvez particularidades devido ao contexto sociocultural da época. A insistência sobre o desapego em relação aos pais e aos parentes, compreende-se facilmente numa sociedade muito clerical, na qual cada um julgava ter direito de fiscalizar a sorte de uma filha ou de um rapaz que entraram no estado religioso. Do mesmo modo, a preocupação com as atenções devido à classe, ao famoso *"pundonor"*, era um traço característico da Espanha do Século de Ouro. Mas essa coloração particular não impede a Madre de ir ao fundo das coisas. Se a vida religiosa consiste em contestar as taras de uma sociedade em nome do Evangelho, diremos que Santa Teresa soube atingir seus objetivos com precisão.

No que concerne às relações de amizade, ela é realista. O retrato idealizado que traça do amor espiritual é, de fato, um ideal. Sabe reconhecer que um pouco de paixão e procura de si pode misturar-se no princípio. Mas retém-se também ao princípio totalmente circunstancial que dá: em uma pequena comunidade de treze, ou mesmo de vinte e uma, a afeição, mesmo a mais pura, não deve chegar a fazer binômios, ainda menos pequenos clãs. Todas devem ser amigas sem preferências determinadas. Notar-se-á a sagacidade dessa regra de conduta. Vale para um meio fechado, pouco numeroso. O que Teresa condenou neste lugar, para a boa marcha de suas comunidades, não deixava de o cultivar com outros amigos muito queridos, homens e mulheres. Mas fora do convento!

Poder-se-á encontrar nos capítulos 4 a 16 do *Caminho da Perfeição* matéria para um bom exame de consciência. Encontrar-se-ão também sugestões ou ideias para uma orientação em vista de afirmar-se na união com Deus. Se os dias passados na oração em companhia de Teresa devem chegar a uma resolução, a leitura desses capítulos será particularmente proveitosa.

Alguns, contudo, poderiam sentir-se desencorajados. Teresa, como já se disse, é tão radical como João da Cruz. O Reino de Deus reclama pessoas resolutas. Contudo, alguém se sentirá agradavelmente surpreso e encorajado, encontrando ao longo destas páginas asserções como esta: "Desde que abracemos somente o Criador, sem nenhuma preocupação com as coisas criadas, Sua Majestade infunde-nos as virtudes, de modo que nos basta fazer, pouco a pouco, o que nos for possível para não termos muito mais a combater" (C, 8/1). Teresa sabe de que fala: o primeiro passo nesta via exige certamente "uma determinação bem determinada". Mas, desde que o Senhor avalia a seriedade de nossos propósitos, ele, de certo modo, toma as coisas em suas mãos. De modo que o desapego, condição prévia da união, torna-se a seguir um fruto da união. Círculo vicioso, erro de lógica da parte de nossa autora? Nada disso!

Mas círculo vital, se assim se pode dizer, que Teresa descreve de maneira inimitável: "É uma grande coisa a doçura e a amizade que reserva àqueles que seguem este caminho; ele assume quase toda a despesa da viagem" (C, 23/5).

O que espera você, alma de pequena fé, para se decidir por sua vez a viajar? Saberá você responder a esse convite? Não será o caso de aplicar a você a liturgia da prece, inspirada na esposa do Cântico dos Cânticos: "Atraí-me e correremos ao odor de vossos perfumes".

Nono dia

UMA DETERMINAÇÃO BEM DETERMINADA

Agora, para voltarmos àqueles que querem seguir este caminho, sem trégua, até o alvo que é chegar a beber desta água viva, repito que os começos são muito importantes. Tudo consiste em uma firme determinação de não admitir demora até alcançar, custe o que custar, aconteça o que acontecer, trabalhe o que trabalhar, amaldiçoe quem amaldiçoar, com a condição de chegar lá, mesmo se morrer no caminho ou faltar coragem nas provações da caminhada, e mesmo se o mundo desabar (...) (C, 21/2).

Considerar nossa alma como um castelo feito inteiramente de um único diamante ou de um claríssimo cristal, onde há muitos quartos, assim como há muitas moradas no céu (1M, 1/1).

Assim como posso compreendê-lo, a porta de entrada deste castelo é a oração (1M, 1/7).

É o que há de mais necessário aqui: com perseverança nunca se deixa de ganhar muito. Mas a bateria que os demônios fomentam de mil formas é muito mais penosa para a alma do que na anterior morada (...). Os demônios propõem essas cobras que são as coisas do mundo. Apresentam como eternas, de certo modo, suas alegrias, a estima que nos têm, os amigos e os pais, a saúde em relação às coisas da penitência (...) e mil outras espécies de obstáculos (2M, 1/3).

É verdade que a alma sofre aqui grandes penas, em particular se o demônio compreende que seu caráter e seus hábitos a predispõem a ir muito longe (2M, 1/5).

"Bem-aventurado o homem que teme o Senhor." O que diremos nós àqueles que, pela misericórdia de Deus, alcançaram a vitória nesses combates? (...) Pois tenho por certo que o Senhor não deixa nunca de dar ao vencedor a segurança de consciência (3M, 1/1).

Teresa balizou-nos, no *Castelo interior*, o caminho que percorreu. Mas o fez de tal maneira que cada um de nós possa reencontrar-se ali. Isso é verdade, mesmo nas moradas mais elevadas, ou o que ela nos ensina fica mais apropriado para aqueles que ainda não encontraram o ponto. Como já o fez no Caminho da Perfeição, exorta-nos a engajar-nos nesta via de procura da união com Deus.

Essa via é para ela a via da oração. Entende a aventura com Deus como uma progressiva interiorização. A alma é um castelo de cristal no qual há muitas moradas, cada vez mais centrais. No mais profundo reside o Rei, que prometeu vir a nós e em nós fazer sua morada (Jo 14,23). Mas o demônio nos convida a viver na superfície de nós mesmos, isto é, no exterior deste castelo. "Onde está o tesouro, aí está o teu coração" (Mt 6,21). As realidades do mundo, necessárias, úteis ou supérfluas, quando não são prejudiciais, solicitam nossas concupiscências. Nosso coração se apega e, consequentemente, vivemos nelas de algum modo. Pensemos no lugar que pode ocupar em nossa vida uma afeição, legítima ou não, uma preocupação profissional ou a aquisição de um objeto desejado. Ora, segundo Teresa, a vida cristã é uma tentativa para ceder ao hóspede interior o lugar todo: "Anda em minha presença", diz Deus a Abraão (Gn 17,1). A alma é convidada assim a penetrar progressivamente no interior de si mesma até ficar aí permanentemente — se

Deus lhe concede — com o Hóspede que reside nas Sétimas Moradas.

A oração, a partir daí, é o caminho totalmente indicado: a porta do castelo. Mas Teresa não distingue de modo algum entre oração e vida de oração. A convivência da amizade, dissemos, desenvolve-se tanto no meio das panelas como no "mais íntimo". Resta que esta presença mútua e completamente interior encontre seu tempo forte na oração, que é a porta do Castelo.

Teresa lutou a vida toda pelo direito do fiel simples à vida de oração. Não tem medo de enfrentar o franzir dos olhos dos "letrados" de seu tempo, que temiam os desvios nas pessoas pouco instruídas, ainda mais nas mulheres. Para ela, lutar pela oração, mesmo em suas formas mais elevadas se Deus houver por bem lhes conceder, não é outra coisa que o direito de todo batizado ao desenvolvimento integral da vida da graça.

Por isso, é preciso não ser mesquinho nos meios. Reconhece-se toda energia de Teresa nesta "determinação bem determinada" de empreender o caminho da perfeição. É preciso perseverar nesta via da oração. Repreender-se quando a energia vacila. Permanecer fiel quando as primeiras satisfações cessaram, e fica-se distraído, vazio, com a impressão de perder tempo. É nesse momento que se farão sentir, sem dúvida, com força, não como no tempo de Teresa, as interdições dos "letrados", mas os slogans sobre o papel desmobilizador da oração, denunciada como uma fuga das realidades. A Madre retomou as objeções de seu tempo. Em nossos dias, poder-se-ia fazer uma ladainha correspondente. A colaboração de um experiente dirigente espiritual pode então ser necessária para ajudar a discernir e a manter a forma. Pois o príncipe das trevas se disfarça em anjo de luz e apresenta a tentação sob a aparência do bem. Teresa lembra-se de que na juventude chegou a abandonar a oração *sob a capa de humildade*.

O espírito do mal se encarniça tanto mais que, se alguém se engaja nesta via, não vai sozinho. Uma alma que se eleva, eleva o mundo. Algumas são chamadas a arrastar muitas outras e o tentador lhes reservará seus ataques mais terríveis. As Segundas Moradas descrevem rapidamente o combate espiritual. Teresa, filha e irmã de militares, desenvolve aí todo o vocabulário guerreiro que lhe é familiar. Não se pode censurá-la de edulcorar sua apresentação. As páginas em que nos fala disso correspondem às da *Subida do Carmelo* de João da Cruz. Elas não deixam, contudo, de nos dar os encorajamentos necessários.

Demonstram-nos também que esses esforços, mais ou menos prolongados, terão seus resultados. Nas Terceiras Moradas, Teresa nos descreve a alma que chegou, à força de perseverar, aos bons hábitos. Não se questiona mais a oração. Torna-se mais simples, mais carregada de amor do que de considerações. A própria vida tornou-se virtuosa, o pecado grave ou o pecado venial de propósito deliberado, não são os mais temidos. Bons hábitos foram adquiridos. A alma pode agradecer por ter chegado lá. "Bem-aventurados os que creem no Senhor."

E contudo as coisas apenas começam. Pois esse esforço, levado sem dúvida com a graça de Deus, permanece um esforço humano. Tem essas características. É limitado, esporádico. Sopre uma grande tormenta — Teresa dá alguns exemplos — e o belo edifício construído a duras penas revelará sua fragilidade. Que falta, pois?

Que o próprio Senhor de algum modo tome as coisas em suas mãos. Aqui a comparação genial de Teresa de Lisieux nos esclarece. O neném, embaixo da escada, muito pequeno para subir o primeiro degrau, quer chegar à sua mamãe no alto. Ele vai levantar seu pezinho, diz Teresa, para tentar subir. É muito pequeno, seu gesto é incapaz. Se desiste rapidamente, sua mamãe pensará que está bem lá embaixo e o deixará lá. Mas se continua repetindo o gesto, a mãe compreenderá e tomará a iniciativa. Descerá, pegará o filho nos braços e o fará subir a escada.

Senhor, tu esperas de nós apenas um gesto de perseverança. Se soubermos dirigi-lo a ti, virá o momento em que tomarás as coisas em tuas mãos. Isso acontecerá quando bem julgares: na primeira ou na undécima hora. É teu segredo. Mas tu virás. E não funcionaremos mais de nossa maneira humana, mas da tua. Seja na oração ou no cotidiano da vida, nossa atividade levará tua marca. Teresa de Lisieux fala sobre a escada vencida nos braços da mãe. A Madre fala da água da contemplação. O que importam as comparações se fazem compreender! Senhor, dá-me desta água! E por isso, dá-me a determinação necessária para te fazer compreender que, verdadeiramente, eu a quero!

Décimo dia

OS DOIS TANQUES

Parece-me já ter falado das consolações espirituais (...). Bem diferente é o que chamo de prazeres de Deus, e que alhures chamei de oração de quietude. Para compreender melhor, suponhamos que vemos duas fontes que enche de água dois tanques: não encontro nada como a água para explicar certas coisas espirituais (...).

Esses dois tanques se enchem de água por meios diferentes: a um, é levada artificialmente de longe por numerosos aquedutos; o outro, foi cavado junto à fonte e se enche sem barulho. Se a fonte é tão abundante quanto aquela de que falamos, quando esse tanque está cheio, transborda em grande riacho. Não há necessidade de artifícios, pouco importaria a ruína do aqueduto, a água jorra sempre do mesmo ponto. Tal é a diferença: aquela que vem pelos aquedutos é semelhante, parece-me, aos conten-

tamentos que conseguimos pela meditação (...).

No outro tanque, a água nasce da fonte mesma, que é Deus. Portanto, como Sua Majestade o quer, quando sua vontade é conceder um favor sobrenatural, emana com uma quietude imensa e pacífica do mais íntimo de nós mesmos (4M, 2/1-4).

Eu disse a vocês que falaria aqui da diferença entre os contentamentos que se encontram na oração, ou nos prazeres. Creio que se podem chamar contentamentos o que obtemos de nós mesmos através da meditação e das nossas orações a Nosso Senhor, isso procede de nossa natureza com a ajuda, é claro, da graça; (...) o contentamento procede do ato virtuoso mesmo que o realizemos, pensando que nos pareça tê-lo ganho por nosso trabalho, e estamos contentes, com todo o direito, de nos ter aplicado a essas coisas. Mas, tudo bem considerado, as coisas que podem acontecer na terra podem causar-nos o mesmo contentamento. Assim uma grande fortuna que de repente ganhamos (...); a mulher também, a quem foi anunciada a morte do marido, do irmão ou do filho, e que o vê chegar, vivo (4M, 1/4).

> *Os prazeres vêm de Deus, nossa natureza os sente e com eles se alegra como puderam desfrutar as pessoas de quem falei (...). De repente me lembro do versículo: "Cum dilatasti cor meum" (Quando dilataste o meu coração)* (4M, 1/4-5).
>
> *Ao escrever isso, considerava há pouco que o versículo que citei: "Dilatasti cor meum" diz que o coração se dilatou. Parece-me, contudo, que isso nasce no coração, mas em um ponto ainda mais interior, como em alguma coisa de muito profundo. Penso que isso deve ser o centro da alma (...)* (4M, 2/5).

Estamos desta vez no estágio em que, como disse, o próprio Espírito Santo toma as coisas nas mãos. Trata-se antes de uma transformação de nossa maneira de agir, de rezar, de viver.

Pois, compreendemo-lo bem, quando estamos determinados seriamente a entrar na via da oração, "empreendemos" certa iniciativa e, se a conduzimos para o Senhor e para sua glória — e com o concurso da graça — deixamos de geri-la humanamente, como se gere um negócio. Determinamos certo regime de oração, de vida sacramental, examinam-se seus pontos fracos, garante-se um acompanhamento espiritual. Avançamos por acertos e desacertos, conservando o que dá bons resultados, experimentando contentamentos pelos sucessos registrados. Tudo isso é belo e bom, e não pode ser de outro modo se Deus não interferir diferentemente. Mas enfim tudo "funciona", se se pode dizer, de maneira humana, nem mais nem menos que qualquer outro empreendimento.

Contudo, se apraz a Deus nos introduzir na contemplação sobrenatural e, desta vez, fazer-nos rezar, agir de certo modo à sua maneira, ou trazendo sua marca, as coisas vão acontecer diferentemente. São João da Cruz descreve os efeitos desta adaptação como uma espécie de vazio que a alma sente na oração. É a "noite passiva do sentido", de que dá os sinais, depois de ter explicado a necessidade.

Teresa só sabe testemunhar o que lhe aconteceu. E eis porque nos descreve certos efeitos que a alma se ressente e que trazem manifestamente a marca da maneira divina segundo a qual, poder-se-ia dizer, o ser humano se põe a funcionar.

Fala-nos então desses "gustos", essas alegrias que Deus nos procura e que sobem do mais profundo do ser "para acabar inundando tudo". Cada um tem sua maneira: é curioso constatar que no lugar onde Santo

Inácio fala em duas linhas bastante enigmáticas da "consolação sem causa" (Regra 330), Teresa escreve várias páginas para desenvolver a comparação dos dois tanques! Ela vai descrever-nos também a oração de quietude e esta variante que se chama oração de recolhimento sobrenatural.

Não fiquemos desconcertados por essas descrições dos primeiros favores chamados "sobrenaturais". Elas estão, é verdade, fora do alcance do esforço humano e não há receita para se chegar lá, mas encontram-se na experiência de muitos cristãos, estejam estabelecidos no fervor habitual, ou Deus os prepare somente para a conversão. Muitos poderiam testemunhar que no decorrer de um retiro, por exemplo, foram invadidos pela alegria de se saberem amados por Deus apesar de sua miséria. Essa consciência apoderou-se deles subitamente, sem causa aparente, e os deixou em paz, confiantes, generosos. Outros conheceram tempos de oração durante os quais se encontraram docemente recolhidos, sem esforço, "os olhos virados para o hóspede interior, sem nada querer a não ser esta presença". Felizes com esta experiência e ingenuamente confiantes, talvez dizendo a si mesmos que enfim sabiam fazer oração. Erro profundo! Durante o encontro seguinte, depararam-se de novo com os "pesos" habituais. Esse "estado de graça" foi-lhes dado gratuitamente.

São as primeiras aproximações de um Deus que quer transformar seu parceiro e levá-lo a uma convivência de amizade que se situa, se se pode dizer, em seu próprio nível divino. A relação com o Senhor se passa sempre na fé, mas tem, de algum modo, um gosto divino. É dado-nos "saborear como é bom o Senhor", experimentando em nossa psicologia "uma maneira" que não é mais a nossa, mas a sua.

Teresa limita-se, nessas Quartas Moradas, a falar sobre a oração de quietude e de "gustos". Talvez seja permitido estender seu ensinamento a outras experiências do mesmo gênero que se produzem, seja na oração, seja nas mil circunstâncias da vida corrente. É, sem dúvida, o momento de citar esses versículos da Escritura lidos frequentemente, esses detalhes de uma cena evangélica, muito familiares, mas que, desta vez, adquirem relevo e sabor extraordinários. Tudo se passa, como se os descobríssemos pela primeira vez e como se nos fossem pessoalmente destinados. Nós sabemos que não os esquecere-mos mais, eles fazem parte, daqui para a frente, de nossa personalidade espiritual. Como as formas de oração descritas por Santa Teresa, também nos trazem a luz e os frutos do

Espírito: alegria, paz, generosidade, confiança nos outros, domínio de si... (Gl 5,22).

Por agora, somente citamos as graças de saboroso conhecimento de Deus. Há outras que dependem mais da esfera da ação. São Vicente de Paulo não era familiar a essas formas de oração sobrenatural. Seja como for, o impulso que o levou a assumir os ferros de um condenado às galés é bem equivalente, na prática, a uma oração de recolhimento sobrenatural. É a maneira divina que lá também aparece. Poder-se-ia dizer o mesmo dessas decisões importantes e corajosas, tomadas em paz, e cujo sujeito percebe simultaneamente que elas são suas, e que, contudo, vêm do mais profundo de si; ou ainda da prudência esclarecida que faz ver claro e dar uma orientação segura em negócios complicados. Quando se rememoram essas experiências tarde demais — pois seria perigoso crer-se ligado diretamente ao Espírito Santo — não se pode impedir de pensar que, ainda ali, alguns favores nos foram feitos gratuitamente. Elas exaltam, desta vez, aquilo que os teólogos puderam chamar de dom da força ou dom do conselho. Mas são também, as manifestações desse empreendimento divino, de que o Senhor é o chefe, e de que dispõe quando quer, em favor de quem quiser e segundo as modalidades que escolher.

"Senhor, dá-me desta água", dizia Teresa. Trata-se de um dom limitado, esporádico, mas já muito precioso! A forma que ele reveste não é a própria santidade. Se a dás, Senhor, é para a utilidade de teu servidor, de tua servidora; para sua conversão, seu progresso ou para a missão de que está investido. Como diz Teresa, podes reservar a nada dar neste mundo, para contentar teu amigo quando encontrar-se contigo no outro. Mas sei também que não tens desejo mais caro que te doar, te saborear. E que se "tuas delícias são estar com os filhos dos homens", desejas que essas delícias sejam partilhadas com teu amigo.

Então, Senhor, se quiseres, "dá-me desta água", a efusão de teu Espírito, ou ao menos algumas gotas. Pois, "quando dilataste meu coração, corri no caminho de teus mandamentos" (Sl 119,32). E quando souber reconhecer na minha vida tuas passagens, terei mais sede ainda e desejarei ver o filete d'água tornar-se torrente.

Décimo primeiro dia

O BICHO-DA-SEDA

Sem dúvida vocês ouviram dizer de que modo maravilhoso se produz a seda. Só ele pode inventar coisas semelhantes: uma semente, não maior do que um pequeno grão de pimenta (...) mas sob a ação do calor quando aparecem nas amoreiras as primeiras folhas, esta semente começa a viver, pois está morta até o dia em que nasce o alimento de que se sustenta. Alimenta-se dessas folhas da amoreira até o dia em que, já grande, dispõem-se para ela pequenos ramos. E aí, com sua boquinha, fia por si mesma a seda, e um pequeno casulo muito apertado onde se encerra: esse verme, que é grosso e feio, morre lá, e deste mesmo casulo nasce uma pequena borboleta branca e graciosa (5M, 2/2).

Quando este verme está grande (...), começa a elaborar a seda e a edificar a casa em que vai morrer. Gostaria aqui de comparar essa casa com o Cristo.

Creio ter lido ou ouvido em algum lugar que a nossa vida está escondida no Cristo, ou em Deus, ou o que dá no mesmo: o Cristo é nossa vida (5M, 2/4).

Ora, pois, minhas filhas, depressa ao trabalho, apressemo-nos em tecer esse pequeno casulo, renunciando ao nosso amor próprio e à nossa vontade, ao apego a todas as coisas terrestres, façamos obras de penitência, oração, mortificação, obediência e de tudo o que já sabem. Morra, morra esse verme como é preciso quando terminar a obra para a qual foi criado e vocês verão, como vemos Deus e como nos vemos também encerradas em sua grandeza, como o pequeno verme que está no casulo. Considerem que quando digo ver Deus, é do modo que significa sua presença nessa forma de união (5M, 2/6).

Ó grandeza de Deus, que se torna aqui alma pelo simples fato de ter sido um pouquinho misturada à grandeza de Deus e tão próxima dele (...). Eu lhes digo verdadeiramente que a própria alma não se conhece. Considerem que diferença há um feio verme e uma pequena borboleta. Assim é com a alma. Ela não sabe como pôde merecer tão grande benefício (5M, 2/7).

A parábola do bicho-da-seda, com a do jogo de xadrez, com a dos dois tanques ou a do castelo, está entre as mais célebres da obra de Santa Teresa. Tomou o cuidado de nos advertir que a oração aqui descrita por ela é um favor bastante raro. Enquanto os "gustos" da contemplação infusa, objeto das Quartas Moradas, são experiências relativamente correntes, encontramo-nos aqui diante de uma forma de oração, a oração de união, que consiste em que a alma seja mergulhada em Deus, que suas atividades sejam suspensas por um tempo mais ou menos longo, e que perda pelo fato mesmo a noção de si mesma, do que a cerca, do tempo. Em resumo, a oração de união é, de si, extática, mesmo se às vezes não for assim. Compreende-se bem desde então que aquele que se beneficia disso dê a impressão de estar imerso num abismo donde sai regenerado.

Teresa, contudo, cuidou de indicar que essa espécie de morte, operada por Deus, situa-se no fio direto da mortificação para qual é convidado todo cristão: renúncia a si mesmo, à sua vontade própria, para acolher o amor de Deus. Observação de grande importância, vai-se reconhecer logo.

Observamos também que depois de ter descrito esta forma de oração, Teresa insiste, antes de tudo, sobre os efeitos que procura. Ela é como a borboleta em relação ao bicho-da-seda. Feita para voar no mundo de Deus, não sabe mais aonde pousar aqui embaixo, pois nada a satisfaz. Seu mundo daqui para a frente é o de Deus. Teresa, sem a Bíblia, e só tendo aprendido a Escritura pelo ofício litúrgico ou por citações, lembra-se, sem saber que está citando São Paulo, ter ouvido dizer que nossa vida está escondida em Deus, ou que para nós: viver é o Cristo. Sabe que de agora em diante é capaz de empreender tudo naquele que a fortalece. Essa oração de união é a que faz a santidade brilhante, a dos apóstolos, a de Francisco Xavier e a de cura d'Ars, a que dá a força aos mártires, a sabedoria aos doutores e a humildade às virgens.

Contudo, uma pergunta coloca-se necessariamente ao nosso espírito. Qual o interesse desses altos favores para o cristão medíocre? Desejá-los, não seria presunção? Mas dizer que não nos dizem mais respeito, não seria ir um pouco depressa ao assunto? Pois Deus não concede seus favores sem motivo.

É aqui que a resposta de Teresa é genial. Essa oração de união, extática, de que foi longamente beneficiada, não é a seus olhos um meio privilegiado para chegar ao alvo, um "atalho", dirá. Mas a escutemos: "Visto que há tantas vantagens a entrar por aí, é bom não ter a impressão de que àqueles a quem o Senhor não concede coisas tão sobrenaturais não têm esperança alguma. Pode-se muito bem atingir a verdadeira união, com o favor de Nosso Senhor, se se esforça por obtê-lo, não tendo outra vontade que a de nos apegar em tudo à vontade de Deus" (5M, 3/3). E mais adiante acrescenta: "Tal é a união que desejei a vida toda que não cesso de pedir ao Senhor, aquela que é a mais clara e a mais pura" (*ibid., 3/5*).

Compreendamos bem de que se trata. A perfeição cristã, Teresa repete em todos os tons, não consiste em pensar muito mas em muito amar. Conhecemos todos esta anedota que faz parte dos "fioretti" de São Luiz de Gonzaga. Falando com dois colegas sobre a questão de saber o que eles fariam se viessem avisá-los que iriam aparecer, sem demora, diante de Deus: um respondeu que iria confessar-se, o outro que iria à capela. "Muito bem!", respondeu o santo, "eu continuaria jogando bola, porque é isso que o Senhor me pede nesse momento". Aderir a cada instante à vontade de Deus, assumir com amor a situação na qual estamos, nisso se resumem a Lei e os Profetas! Tal é a união que Teresa desejou e procurou a vida toda.

Sem dúvida, é bem difícil estar em contínua adesão à vontade do Senhor. Consegue-se, mas depois recai. Não é demais uma vida toda para se exercer nisso. Pudéssemos nós nos achar no último momento de estarmos em estado de doação plena e completa. É a esperança comum. Contudo, o Senhor concede a quem ele quiser esta oração de união que, por um atalho extraordinário, conduz à união permanente de vontade. Mas esse atalho não é a santidade. É uma via de acesso, dada na maior parte do tempo àqueles e àquelas que Deus destina a uma missão excepcional na Igreja.

Daí o interesse desse ensinamento de Teresa. A descrição dos efeitos da oração de união não deve excitar nosso ciúme, mas antes inflamar nosso amor e nos tornar mais generosos no caminho dos mandamentos.

"Minha parte tenho dito, Senhor, é observar tuas palavras" (Sl 119,57). Nesta perspectiva é que fazemos nosso, Senhor, o ensinamento de tua santa: "O Senhor só nos pede duas ciências: a do amor de Sua Majestade e a do amor ao próximo, eis em que devemos trabalhar. (...) Reconheceremos, parece-me, que observamos bem essas duas coisas, se observamos bem a de amar nosso próximo. (...) E estejam certas de que vocês tanto farão progressos naquele amor, quanto mais fizerem no amor de Deus; pois o amor de Sua

Majestade por nós é tão grande que em troca daquele que temos por nosso próximo, ele aumentará de mil maneiras o que temos por sua Majestade: não tenho dúvidas" (5M, 3/7-8).

Possamos, Senhor, não duvidar, muito menos nós!

Décimo segundo dia

MARTA E MARIA

(...) Acreditem em mim: Marta e Maria devem oferecer juntas a hospitalidade ao Senhor, conservá-lo sempre perto delas, e não acolhê-lo mal, não lhe dando de comer. Como Maria, sempre a seus pés, alimentá-lo-ia se sua irmã não a ajudasse? Seu alimento é o esforço que fazemos para aproximar dele as almas, por todos os meios possíveis, para que se salvem e não cessem de louvá-lo.

Vocês vão dizer-me duas coisas: primeiro ele disse que Maria escolheu a melhor parte. Mas ela já havia cumprido o papel de Marta e acariciado o Senhor, lavando-lhe os pés e os enxugando com seus cabelos. Pensem que para uma mulher de seu nível, quanto foi penoso ir pelas ruas, (...) entrar onde nunca entrara antes, ser alvo em seguida das maledicências do fariseu, seguidas de outras mais que teve de sofrer? Ver na cidade uma tal mulher manifestar uma

> *mudança semelhante, aos olhos, como sabemos, de pessoas tão más que odiavam o Senhor a tal ponto que lhes bastaria vê-la ligada por amizade com ele para que evocassem a vida que levava, e dizer agora que quer bancar a santa. (...) É assim também em nossos dias a propósito de pessoas que têm pouco renome. E naquele tempo então? Eu lhes digo, minhas irmãs: a melhor parte viria depois de muitas provações e mortificações; ver que odiavam seu Mestre foi já para ela uma prova intolerável. (...) Penso, comigo mesmo, que se ela não sofreu o martírio, ver morrer o Senhor foi-lhe um martírio, e os anos que viveu sem ele foram-lhe, sem dúvida, um terrível tormento. Vê-se, pois, que não viveu sempre nas delícias da contemplação, aos pés do Senhor* (7M, 4/12-13).

A leitura que a "Madre" faz da vida de Madalena é uma leitura totalmente pessoal. Em princípio, não se beneficiou dos exegéticos estudos modernos. A personagem de Madalena é para ela a da Liturgia, isto é, a pecadora, Maria de Betânia, irmã de Marta e de Lázaro, e Maria de Magdala. Esse problema, além disso, tem pouca importância para a vida espiritual. *"Lex orandi, lex credendi"*, a Liturgia é mestra da fé e da oração. Em seguida e bem mais ainda, Madalena é ela, Teresa. Madalena é sua êmula e seu modelo. Mulher, tendo assumido plenamente sua feminilidade, com alegria se poderia dizer, Teresa se reencontra nas atitudes e nos gestos de Madalena, indo ao Salvador com todo o seu ser, com a sensibilidade inclusive. O amor de seu modelo não estava nem mesmo isento, diz-se, de uma suspeita de ciúme, até o dia em que ouviu o Senhor lhe dizer: "Ela foi minha amiga durante meus dias na terra. Tens seu lugar agora" (FVD, 22 de julho de 1572).

Teresa, consciente de sua miséria, identificava-se completamente com a pecadora implorando perdão. Mas a contemplativa, ávida da mensagem, não tinha dificuldade de estimar que a melhor parte era estar assentada aos pés do Mestre à escuta de suas palavras. Sem nenhum desprezo contudo por Marta — os textos bastariam para mostrá-lo — ao ponto que justifica Madalena, mostrando que primeiro cumpriu o ofício de Marta. Teresa realmente tornou-se Madalena, que se vê a explicar o itinerário desta a partir das dificuldades que ela mesma experimentou. Os fariseus ou os compatriotas de Madalena jamais falaram dela: "Ela banca a santa". Mas sabemos em compensação que tais palavras foram faladas sobre Teresa em Ávila, na época em que suas experiências místicas ocupavam a crônica.

A cena evangélica mais decisiva para Teresa é o maravilhoso encontro do jardim na manhã de Páscoa (Jo 20,11-18). Madalena, com efeito, é aquela que recebeu o recado: "Não me segure, mas vá dizer a seus irmãos (...)". Não parece que se avança muito afirmando que esta cena exerceu uma forte influência em nossa santa por dois ou três anos (1569-1572) que precederam sua entrada nas Sétimas Moradas e sua graça do matrimônio espiritual. Ela anota em 1571: "O vivo desejo, tão impetuoso, que eu tinha de morrer, deixou-me, em particular depois da festa de Santa Madalena em que decidi viver satisfeita para servir a Deus. Contudo, o desejo de vê-lo ainda me retoma e, apesar de todos os meus esforços, repeli-lo me é impossível" (FVD, 1571).

Esse desejo a deixará, ou ao menos se tranquilizará definitivamente depois da graça de 18 de novembro de 1572 que fez dela a esposa do Senhor, em que ouve "ninguém poderá separá-la dele, Jesus" (cf. Rm 8,35), e que lhe é preciso agora se ocupar dos negócios dele, seu Senhor; que ele, Jesus, ocupar-se-á dos seus (7M, 2/1).

Como Madalena, Teresa ouviu o apelo: "Não me segure, mas vá dizer a meus discípulos (...)". Vá-lhes anunciar a alegria da Páscoa mesmo com risco de sofrer contradição: "Palavras delirantes", disseram os Apóstolos ouvindo a narração das santas mulheres. Teresa conhecerá também a contradição e a guerra. Elas chegarão ao paroxismo nos anos 1575-1580. Essa irmã de conquistadores estava preparada. Entregar-se-á, sem preconceito, à obra de seu Senhor.

Os dez anos que lhe restam de vida, depois da graça de novembro de 1572, serão, diz-se, anos de atividade intensa. Ela será Marta no trabalho, mas jamais deixará de ser Maria. Nenhuma tarefa mais poderia afastá-la da companhia do Hóspede interior. Nenhuma doença tão pouco: seu corpo a faz sofrer em toda a parte e vomitava todas as tardes. Mas o sofrimento não tinha poder sobre ela. Muito menos, aliás, alguma afeição: toda a todos, escrevendo cartas todas as noites até às duas horas da madrugada. Na sua correspondência com o padre Graciano ou Maria de São José, pôde dar livre curso à ternura de um coração que pertence agora a Jesus, seu Senhor e Mestre. As controvérsias mais ásperas a respeito da reformada Ordem não alteram mais seu recolhimento: *O Castelo interior*, redigido no momento talvez mais dramático de sua existência, só respira paz e serenidade.

Essa mesma obra testemunha ao mesmo tempo grau de firmeza característica à qual chegou sua doutrina. Ela compreende que o cume da união com Deus não consiste em arranjar uma solidão tranquila, tão ocupada pelo pensamento do Senhor, mas de aceitar ser conduzida, se há lugar "lá onde não se quer".

"É assim, minhas filhas, que é preciso ver o amor: não pelos cantos, mas no meio das ocasiões. E, creiam-me, mesmo se a gente cometer algumas falhas, ganharemos com isso muito mais. Não se esqueçam que tudo o que adianto supõe que vocês só ajam por caridade e na obediência. Quando não se interpõe, a solidão deve ser, em resumo, preferida."

"(...) A pessoa que vive sempre no recolhimento, por mais santo que se creia, não sabe se é humilde, paciente, e não tem meio algum de sabê-lo. Da mesma forma, como um homem saberia que é corajoso, se não esteve na guerra?" (F, 5/15).

Senhor, desejei às vezes sem dúvida, eu também, a parte de Maria. Minha intenção era direita, embora talvez não completamente isenta do desejo inconfessado de ser livre de toda preocupação, de toda confusão. Dá-me não querer a não ser o que tu queres e, em qualquer situação, unir em minha pobre pessoa Marta e Maria.

> "Dá-me riqueza ou pobreza,
> dá-me consolação
> ou desolação.
>
> (...)
>
> Se vós quereis meu repouso,
> quero por amor repousar.
> Se vós me ordenais trabalhar,
> quero morrer trabalhando.
>
> Sim, Senhor,
> que queres fazer de mim?
> Dize-me onde,
> e como e quando."

(Po 2)

Décimo terceiro dia

AS DESGRAÇAS DO REINO DA FRANÇA

Naquele tempo fiquei sabendo das desgraças da França, as devastações que estes luteranos fazem, e quanto se desenvolvia esta infeliz seita. Tive muito pesar com isso, e como se eu pudesse alguma coisa ou tivesse sido alguma coisa, chorava diante do Senhor e suplicava-lhe remediar a tantos males. Sentia-me capaz de dar mil vezes minha vida para salvar uma das numerosas que se perdiam por lá. (...) Decidi, pois, fazer o pouquinho que estava a meu alcance, isto é, seguir os conselhos evangélicos tão perfeitamente possível e esforçar-me por obter que algumas religiosas que estão aqui façam a mesma coisa (C, 1/2).

Ao fim de quatro anos ou talvez um pouco mais, veio ver-me um frade franciscano chamado frei Alonso Maldonado, grande servo de Deus; como eu desejava o bem das almas, ele podia agir e o invejava muito. Acabava de chegar das Índias. Pôs-se a falar-me das milhões de almas que se perdiam lá por falta de doutrina, e exortou-nos à penitência em um sermão e à sua conversação, e partiu. Fiquei tão arrasada com a perdição de tantas almas que estava fora de mim. Retirei-me em lágrimas a um eremitério. E clamava a Nosso Senhor, suplicava-lhe a dar-me o meio de contribuir para ganhar-lhe algumas dessas almas por minhas orações, porque o demônio lhas arrebatava tantas e eu não servia para nada mais (F, 1/7).

O mundo está em fogo (...). Vivemos em tempos em que não podemos falar com Deus sobre negócios de pouca importância (...) (C, 1/5).

Diante de tão grandes males e da incapacidade das forças humanas em deter o incêndio, (...) é preciso, pareceu-me, agir como em tempo de guerra, quando os inimigos invadiram o país todo; o senhor, vendo-se acuado, retira-se para uma cidade que o fortificou muito, e donde consegue, às vezes, dar suas investidas sobre o inimigo. Aqueles que estão na cidade, tropa de elite, podem fazer mais sozinhos do que numerosos soldados que fossem covardes (...).

Mas por que disse isso? Para que vocês compreendam, minhas irmãs, o que devemos pedir a Deus, é que nenhum desses bons cristãos que estão nesse pequeno castelo forte não nos deixe para ajuntar-se ao inimigo, e faça conseguir grandes progressos nos caminhos do Senhor aos capitães deste castelo forte ou desta cidade, que são os padres e os teólogos (...) (C, 3/1-2).

Teresa é "filha da Igreja". Tudo o que é, recebeu da Igreja, da sua família, da sua paróquia, de sua Ordem ou das correntes espirituais de seu tempo. Sofreu *para* a Igreja, mas também, com todos os santos, *pela* Igreja, presa que foi entre autoridades agindo em sentido contrário. Como podia desinteressar-se pela Igreja e por sua vida neste mundo?

Pergunta-se às vezes por seu ecumenismo. Questão anacrônica. Contemporânea do grande dilaceramento da Reforma, pediu com todas as suas forças para que a ruptura não se consumasse: não era chegado o momento de pensar em ajuntar os cacos. Contudo, antecipando nisso o Vaticano II, deixa perceber que as decisões religiosas dependem da consciência e que não se convertem os hereges a tiros de canhão.

A preocupação apostólica, que nunca lhe faltou, cristalizou-se em duas circunstâncias. Primeiro soube da situação da França, dilacerada pelas guerras de Religião. País vizinho, e na maior parte do tempo inimiga, a França não deixa de ser um dos bastiões da cristandade. O rei Filipe II, preocupado em evitar para seu país a extensão do incêndio que assola para lá dos Pirineus, ordena a todos os religiosos da Espanha preces, procissões, manifestações diversas de devoção nessa intenção. Além disso, Teresa tem amigos teólogos que tomaram parte, como consultores, no Concílio de Trento. As desgraças da França foram aí lembradas, principalmente em uma estrondosa intervenção do cardeal de Lorena, na véspera do Natal de 1561. De outro lado, refere-nos a visita do padre Maldonado, de volta das Américas. Teresa, julgando os outros por si mesma, pensava que os conquistadores partiam para lá como propagadores da fé. Não estava longe de considerar como um mártir o companheiro de infância, seu irmão Rodrigo, morto em combate na região do Rio da Prata. Ela desmoronou ao ouvir os relatórios veementes do padre Maldonado.

Mas que fazer neste século XVI espanhol, quando se é mulher e a Igreja não reconhece monjas a não ser enclausuradas? Nós a ouvimos, a ela própria: ela e suas irmãs serão as "fornecedoras de munição" dos combatentes, isto é, os padres, teólogos, pregadores do Evangelho.

Os acontecimentos relatados vão dar ao Carmelo teresiano uma orientação decisiva. Teresa do Menino Jesus, afirmando que veio ao Carmelo para rezar na intenção dos padres, não faz mais que retomar uma intuição fundamental de sua madre fundadora. A esse respeito pode-se fazer uma observação interessante. Se se comparam as *Constituições* redigidas por Teresa D'Ávila às da bem-aventurada Francisca d'Amboise, fundadora, um século antes, dos primeiros conventos de carmelitas na Bretanha, encontram-se várias disposições que são materialmente as mesmas. São, porém, a insistência na oração colocadas à parte, as que se encontram na maioria dos conventos de monjas da época. O espírito, contudo, difere em acentuações que são nítidas: digamos, simplificando um pouco, que se entra num Carmelo teresiano para participar numa parte essencial da missão da Igreja: o serviço da oração ou mais exatamente o do amor. É ainda Teresa de Lisieux que resume melhor esta orientação: "No coração da Igreja, minha Madre, serei o amor. Assim serei tudo" (Carta à irmã Maria do Sagrado Coração).

Se este ensinamento, de fato, é essencial ao Carmelo, é também capital para a Igreja. A missão certamente não poderia prescindir do engajamento dos homens. É preciso que os missionários deixem seu país e atravessem o mar. É preciso que os doutores ensinem. É preciso que os pastores deem tudo o que podem; prontos a dar, uns pelos outros, o testemunho do sangue quando é pedido. Além disso, quando é o caso, os operários do Reino podem trabalhar sem um mínimo de método (que se pense nos jesuítas na China pouco depois da morte de Teresa ou nas "reduções" do Paraguai); sem técnicas, sem uma "linha apostólica" que determina em concordância e em fidelidade às diretivas dos pastores responsáveis; sem um mínimo de meios materiais (que se pense nas impressoras de São Maximiliano Kolbe). Mas nós sabemos também que "se o Senhor não constrói a casa, em vão trabalham os pedreiros" (Sl 127).

É papel dos contemplativos ser os "guardas do farol" que vigiam junto ao fogo para que todos possam navegar com segurança, mesmo na bruma, mesmo em mau tempo. Mas ainda semelhantes aos guardas do farol, os contemplativos por sua presença são uma advertência: que se guarde de esquecer que nenhuma navegação é possível se a vigília não for garantida a bordo. Em outros termos, a relação com o Senhor na oração é indispensável a cada um, qualquer que seja seu estado de vida. E isso em todas as circunstâncias. Só as modalidades variam. Questão de nuanças, não de fundo.

Senhor, para que seja efetiva a redenção que trouxeste ao mundo, é preciso um "polo de acolhimento". É preciso que homens e mulheres estejam lá para apresentar, como a Virgem Maria em Caná, as misérias dos humanos; e sobretudo, como no Calvário, acolher em nome da Terra, esse sangue que corre do alto da Cruz. É porque não cessas de chamar homens e mulheres a votar toda a sua vida à oração.

Mas não há por isso uma "oração de monge" que seria diferente da oração dos outros. Como se os monges fossem marginais, dedicados a uma tarefa, respeitável certamente, mas à parte. E não há tampouco um apostolado do qual os enclausurados podiam desinteressar-se sob pretexto que são votados à prece. A oração teria então um papel desmobilizador. A verdadeira oração não consiste em pensar muito mas em amar muito. Teresa nos repetia muito isso! Trata-se, pois, de entregar seu coração, sua liberdade para consentir em tudo o que queres. Eis por que o verdadeiro orante vê em todo apóstolo um irmão dedicado às tarefas esgotantes que o chamam a dar-se inteiramente. Eis por que também o apóstolo vê no orante um irmão, uma irmã, chamados a deixar tudo — mas se trata mesmo de deixar tudo! — para ser ele também inteiramente disponível ao que quiseres e totalmente receptivo ao dom que lhes fazes, Senhor. Dom que propões ao mundo inteiro e que deves transmitir à Terra, da maneira como um polo receptor acolhe a corrente.

Décimo quarto dia

O SENHOR ESTÁ NO MEIO DAS PANELAS

Para progresso da alma, (...) não se trata de muito pensar, mas de muito amar.

Como adquirir este amor? Decidindo agir e sofrer e aplicando este preceito em qualquer circunstância.

(...) Uma e outra coisa (nossos deveres de obediência e de assistência a nosso próximo) usurpam o tempo que desejaríamos tanto dar a Deus, a sós com seu pensamento, regalando-nos com seus regalos. Mas renunciar a isso não importa a qual das duas, é agradar-lhe, como se dissesse de sua própria boca: "Todas as vezes que fizerdes a um dos meus irmãos mais pequeninos, é a mim que o fazeis". Quanto à obediência, quem ama bem a Nosso Senhor não seguirá um outro caminho diferente do que ele seguiu: "Obediens usque ad mortem".

Se tudo isso é verdade, donde vem o desprazer que experimentamos quase sempre quando não pudemos viver isolados, absorvidos em Deus durante a maior parte do dia, embora o tenhamos empregado utilmente? A meu ver, de duas causas: uma essencial, é uma mistura de amor-próprio tão sutil que não descobrimos a que ponto preferimos nosso contentamento primeiro que o de Deus. Pois é claro que a alma que começou a saborear "a doçura do Senhor" prefere viver sem trabalhar, o corpo em repouso e a alma nas delícias.

Ó caridade daqueles que amam verdadeiramente o Senhor e o conhecem! Eles não descansarão, veem-se que depende minimamente deles ajudar uma única alma a progredir e a amar Deus mais, consolá-la ou afastá-la de um perigo! Eles repousarão mal se repousam sozinhos! (...) Seria belo ver que Deus nos ordena claramente a agir a seu serviço e que não nos recusemos com o pretexto de passar nosso tempo a contemplá-lo!

(...) Logo vão, minhas filhas! Nada de desolação quando a obediência as leva a se aplicarem às coisas exteriores; se for na cozinha, compreendam que o Senhor

se encontra no meio das panelas: ajuda-as interior e exteriormente (F, 5/2...8).

"O Senhor está no meio das panelas." A fórmula é célebre e bem à maneira incisiva de nossa autora. Será que se notou que faz eco à última cena do Evangelho segundo São João, na qual o Senhor "manifesta sua presença" (é a expressão do autor sagrado) no meio de uma cena de pesca, e divide com os discípulos a refeição matinal que segue?

À medida que se aproxima o momento em que devemos deixar Teresa, ao final dessas duas semanas de companheirismo, é bom voltarmos o olhar para nossa vida, mesmo a mais comum. É ali que encontramos a presença do Ressuscitado. Presença de cada instante no banal e no cotidiano. Às vezes, temos a tendência de pensar que esta presença é reservada aos tempos fortes de nossa existência, a esses instantes de "Tabor", se é que houve alguns. Em todo caso, nos tempos em que, na oração, por exemplo, tomamos consciência dessa presença. Não, o Senhor ressuscitado está sempre lá. Sua Santa Humanidade, para sempre glorificada, "assentada à direita de Deus", não é mais como a nossa restrita em suas possibilidades de comunicação pelos limites do espaço e do tempo. Os relatos evangélicos das aparições estão lá "para que acreditemos" e nos ensinam esta presença na barca ou no meio das redes de pesca, como entre as panelas ou a refeição tomada nas mãos à borda do lago.

Mas isso se passa "na fé". "É noite", diria João da Cruz. Este mundo de Deus no qual o Cristo entrou é o do Transcendente, do Todo-Outro. Não somos naturalmente adaptados a isso. Impossível vê-lo a não ser que se manifeste. Impossível nos fartar face a face de sua beleza sem passar pela morte, a fim de entrarmos, por nossa vez, na luz da glória.

Desde então, para reconhecê-lo, são necessários sinais. São necessárias realidades que, familiares à nossa natureza de carne e sangue, introduzam-nos em outra coisa. Reconhecemos a bandeira como o emblema de nossa comunidade nacional. E quando a vemos hasteada nos monumentos públicos e nos coletivos, também nas janelas dos particulares, lembramo-nos de que é a festa nacional ou estamos comemorando tal fasto de nossa história.

Jesus nos deixou sinais de sua presença. Mas para percebê-los é preciso saber lê-los. Um estrangeiro totalmente ignorante dos hábitos e da história do país em que chega não compreenderá toda a significação das bandeiras hasteadas na cidade. Para perceber também os sinais de presença do Ressuscitado é preciso, como se diz agora, "estar perfumado": é preciso um coração que escuta, que esteja disposto a admitir que Deus é um Deus que lhe fala. É preciso estar atento aos meios que pode tomar para isso. Deus fala como quer, mas o faz em função de seu ouvinte. A João a linguagem da pesca milagrosa, a Maria a do Mestre à discípula, aos peregrinos de Emaús parte o pão etc. E Tomé, o homem que não acreditou, será convidado, em razão de sua "espessura", a tocar, a apalpar.

Assim também conosco, já o notamos, para cada um de nós. Sinais são-nos dados que falam por nós, dando conta do que somos, do nosso temperamento, de nosso passado. Não fiquemos surpresos que outros não nos leiam como nós e permaneçam insensíveis. São-nos dados, indivíduos ou grupos, e não a outrem. As sensibilidades espirituais podem ser muito diferentes conforme o caso. Algumas são muito afinadas, outras menos. Diante do túmulo vazio e arrumado, diz-se de João que "viu e acreditou", enquanto Pedro não compreende nada e sentirá necessidade de se atirar na água — é sua especialidade, dir-se-á — para ir ver, enquanto Tomé é particularmente difícil de se convencer. São necessários "sinais dos tempos" adaptados a cada época, a cada pessoa, a cada coletividade concreta.

Contudo, se há sinais que se dirigem a tal ou tal pessoa para despertar sua fé ou reavivá-la, há outros nos quais a totalidade dos que creem reconhece a presença ou ação do Senhor. Todo o aparato sacramental pertence a esta categoria. Quando o ministro diz: "Eu te batizo" ou "teus pecados ficam perdoados" não é mais que um nome de empréstimo, um empréstimo de humanidade, poder-se-ia dizer. É Jesus mesmo que age, sem dúvida, autenticamente. E quando o mesmo ministro diz em nome de Cristo: "Isto é meu Corpo", reconhecemos o Senhor realmente presente sob as aparências do pão. Nós o reconhecemos, nós também, "ao partir do pão" no sentido eucarístico, qualquer que seja o sentido que os exegetas dão a esta expressão no caso preciso dos discípulos de Emaús.

Além disso, não é preciso compreender essa ordem sacramental no sentido restrito dos sete sinais reconhecidos como tais. É a Igreja inteira que é sinal. Quando no seio da assembleia litúrgica, a Palavra de Deus é proclamada, sabemos reconhecer Jesus ressuscitado que nos fala. Mais ainda, é a comunidade eclesial como tal, que nos dá a presença do Cristo assentado à direita do Pai. Que nos seja permitido citar aqui a observação de um responsável pela catequese: "Discute-se sobre o valor de tal livro de catecismo ou de tal outro. O melhor livro de catecismo, insubstituível mesmo, é a vida cristã, célula da Igreja, à qual pertence a criança, célula familiar, paroquial ou outra. É lá que ela entrará em contato com o pensamento vivo do Senhor, o amor e a vida do Senhor".

E isso nos reconduz a Teresa, ao serviço dos irmãos e à obediência.

São nossos irmãos, Senhor, de quem nos emprestas o rosto: tu nos pedes de beber, como à Samaritana, ou nos ordenas, pelos superiores, a fazer isso ou aquilo. E é certo que mesmo para a carmelita ou para a trapista — e o que dizer da mãe de família — a obediência ou o serviço conduzem-nos mais vezes e mais tempo ao meio das panelas que da oração. "Ele vos precederá na Galileia, é lá que o encontrareis" (Mc 16,7). No tempo de tua estada na terra, Senhor, a Judeia era o país dos "puros". A Galileia, misturada com pagãos, era um país duvidoso. Aos olhos dos fariseus e dos escribas, um profeta não podia vir de lá (Jo 7,41). É bom cada um de nós perguntarmos: "Onde estão nossos modernos galileus?"; aqueles que encontramos depois de nossos tempos de oração, ou depois de alguns dias de retiro. É lá, Senhor, que tu nos precedes e nos espera.

Décimo quinto dia

A QUIETUDE E A PAZ EM QUE MINHA ALMA SE ENCONTRA

Possa eu fazer Vossa Senhora bem compreender a quietude e a paz em que minha alma se encontra. Pois ela agora está bem segura de gozar de Deus um dia, que lhe parece possuí-lo já, embora sem a sua alegria. É como se uma pessoa tivesse dado a uma outra, por sólido contrato, uma boa renda de que gozará dentro de certo prazo e de que recolherá os frutos. Até lá só se gozará da segurança de um dia gozar dessa renda.

(...) Ela não está mais sujeita às misérias do mundo, as quais fora antes. Sofre mais com isso, mas elas permanecem exteriores, como se dissessem mais do que suas roupas. A alma parece ser a soberana de um castelo. Não perde a paz. Esta segurança, contudo, não a impede de ter grande medo de ofender a Deus e

evitar tudo o que poderia impedi-la de servi-lo. Nisso está mais atenta.

(...) A paz interior, contra a qual contentamento e descontentamento são quase impotentes, é tal que esta presença tão indubitável das Três Pessoas se mantém claramente, segundo parece. É conhecer por experiência o que diz São João, que elas estabelecerão sua morada na alma, e não somente pela graça, mas para fazer sentir essa presença que traz tantos benefícios que não se poderiam descrever. (...) Esse estado é quase habitual, exceto quando o excesso da doença oprime. Pois, às vezes, Deus quer que se sofra sem consolação interior, mas jamais, mesmo que por impulso, a vontade recusa o cumprimento nela da vontade de Deus. Essa submissão tem tanta força que ela não quer nem a morte nem a vida, salvo um breve instante em que deseja ver Deus. Mas logo o sentimento da presença dessas Três Pessoas é tão forte que abranda a pena que causa esta ausência, e fica o desejo de viver, se o quer, para servir melhor. E se pudesse contribuir para que uma só alma o ame mais e o louve melhor por minha intercessão, ainda que por pouco tempo, isso me pareceria mais im-

portante que estar no céu (R 6, 1581, ao bispo de Osma).

Estão lá, cartas à parte, as últimas linhas saídas da pena de Teresa. Elas testemunham, de qualquer modo, uma paz celeste, mesmo se algumas anotações mostrarem que ainda se está na terra.

Teresa falou muito sobre a paz. Os *Pensamentos sobre o amor de Deus* têm um capítulo sobre a falsa paz e um outro sobre a verdadeira paz (P 2 e 3). O que parece, contudo, é que esta paz não tem origem nela, Teresa, ou no que a cerca. Ela sofre no seu corpo. Nesse ano de 1581, se a perspectiva de uma província separada para os Descalços está em vias de tornar-se realidade, não suprime toda tribulação ou contradição. Basta ler o *Livro das Fundações*. Ela mesma diz que o Senhor permite às vezes que ela sofra interiormente sem consolação. Resumindo, está longe de encontrar-se em condição idílica. Mas a verdadeira paz que o Senhor prometeu — ou ainda a alegria que ninguém pode tirar (Jo 16,22) — não vem do que não há nada de censurável. Teresa tem uma consciência cada vez mais aguda de sua condição pecadora. Sabe o que é por natureza e vive no temor de ofender a Deus. Contudo, um temor que não exclui nem a alegria nem a paz.

Pois esta alegria e esta paz não têm sua origem na própria Teresa, mas na consciência que tem de ser amada por Deus. "Meu Pai e eu o amaremos e nele faremos nossa morada" (Jo 14,23).

Essa alegria ninguém pode tirar. Alegria de ser amada por Deus, habitada por ele. "Tens valor a meus olhos e eu te amo" (Is 43,4). Alegria que dilata o coração, como já o explicou Teresa e que, pelo fato mesmo, faz correr no caminho dos mandamentos. Pensamos na maior parte do tempo: "Senhor, vou seriamente começar meu trabalho, vou arregaçar as mangas e então, mas então somente, gozarei da alegria que tu prometes". Erro profundo do homem, sempre inclinado a colocar-se no centro das atenções, a atribuir-se o papel principal, mesmo na vida com Deus! É o mesmo que pôr o carro na frente dos bois. O salmista restabelece a ordem justa: "Senhor, eu corri no caminho de teus mandamentos quando dilataste meu coração" (Sl 119,32).

Essa paz e essa alegria fazem as pessoas estarem "à vontade na sua pele". Como um motor que gira corretamente porque banha-se no óleo. Dá àqueles que se beneficiam disso, fazer face às dificuldades da vida com o máximo de suas forças psíquicas. Não é necessário gozar de um temperamento otimista ou o que se chama uma "força da natureza"!

"Minha força mostra-se na fraqueza", diz o Senhor a São Paulo (2Cor 12,9). Temperamentos tristes, deprimidos mesmo, podem ser testemunhas desta paz e desta alegria, dando a outros o desejo de, por sua vez, ir à fonte.

Tudo isso, dizíamos, é um antegozo do céu. Sem dúvida o céu pode, segundo Santa Elisabete da Trindade, ser vivido na terra. Mas, filosoficamente, há uma diferença capital entre as duas situações: a eternidade não é o tempo! A eternidade é um perpétuo "agora"; o tempo ao contrário é uma sucessão ininterrupta de instantes, sendo o presente um limite indeciso entre o passado e o futuro.

Contudo, quando uma alma vive verdadeiramente unida a Deus, desejosa de contentá-lo em tudo, um dos sinais de que ela progride neste caminho consiste na importância que dá ao momento presente. O interlocutor do momento presente, a tarefa do momento presente, é a vontade de Deus agora. É preciso dar-se inteiramente, e não pela metade; que seria o caso, se se alimentar um pesar nostálgico do passado que fica para trás, o desejo de outra coisa ou o temor do futuro que está por vir. Dar-se inteiramente é aderir com todas as forças à eternidade de Deus, a seu perpétuo "agora". Está-se inteiramente no que ele espera, o que pode pedir a mais de nós? Deixemos o julgamento àquele que é todo bondade! O futuro nos inquieta ou nos consome de impaciência? Amanhã é amanhã, o próximo ano é o próximo ano. A graça de amanhã não nos será dada hoje.

Graça preciosa é a de "agarrar" o instante presente, mesmo se o momento presente nos pede fazer o planejamento do ano próximo! Mas graça que pede agilidade e disponibilidade. Pois o presente deixa a cada instante o lugar no futuro com seus imprevistos. É preciso então fazer face, agilmente, como cavalo de corrida, obediente às menores indicações que o seu cavaleiro lhe transmite pela rédea, o freio e as esporas. Com outras palavras, é preciso estar constantemente apto a deixar-se incomodar quando a obediência ou o serviço o reclamam. Deixar-se desconcertar pelos acontecimentos que nos pegam pelo avesso e podem em muitos setores queimar o que adoramos. Sermos incondicionais somente para Deus e não naquilo em que se pretende envolvê-lo. Dóceis aos menores impulsos do Espírito Santo, constituímos então com ele uma equipe sem defeito.

Essa docilidade não é fácil. Reclama discernimento. Mas é ela, quando habitual, que faz os santos canonizados como Teresa de Lisieux e seu "pequeno caminho"; ou a multidão daqueles que seriam canonizáveis. Aderem perfeitamente a Deus. O que ele poderia exigir a mais? Se vem então procurá-los, estão prontos a correr para seus braços!

O que não é possível sempre e a cada instante por uma graça excepcional, não nos é proibido de tender a isso. E talvez consegui-lo, pelo menos de tempos em tempos.

"Contra esta paz, disse Teresa, contentamentos e descontentamentos são quase impotentes." São Paulo dizia também: "Se Deus está conosco, quem será contra nós?" (Rm 8,31). Compreende-se sem dificuldade que Teresa, nos últimos anos de vida, trouxe consigo esta estrofe célebre que a resume:

"Que nada te perturbe,
que nada te amedronte.
Tudo passa, Deus não muda.
A paciência alcança tudo.
A quem tem Deus nada lhe falta.
Só Deus basta".

Esses versos foram encontrados no seu breviário, depois de sua morte. Pode-se propor algo melhor a título de derradeira prece com ela ao terminar esses quinze dias passados em sua companhia?

QUATRO ESCRITOS PRINCIPAIS DE TERESA

Autobiografia ou *Vida por ela mesma*. Um testemunho do que viveu até por volta de 1565. É seu livro de maior repercussão. Talvez o mais difícil.

O Caminho da Perfeição. Sua pedagogia da oração e da vida de oração. O mais acessível de seus escritos doutrinais.

O Castelo Interior ou *O Livro das Moradas*. Retoma aí a *Vida*, mas com uma experiência acrescida de quinze anos. É a expressão mais completa e mais clara de sua doutrina.

O Livro das Fundações. Memórias de sua atividade de fundadora. Uma narração viva e saborosa como um romance.

ÍNDICE

Aviso: Para bem usar este livro 5

Introdução: Teresa, quem é você? 9

Siglas utilizadas 16

  1. Uma convivência de amizade 17
  2. Sou Vossa 23
  3. Mergulhada no inferno 29
  4. Eu era devota fervorosa
     da gloriosa Madalena 37
  5. Cristo é um bom amigo 45
  6. Depois de ter visto a
     grande beleza do Senhor 53
  7. Não quero mais que tu converses
     com os homens 63
  8. Só insistirei sobre três pontos 71
  9. Uma determinação bem determinada 79
10. Os dois tanques 87
11. O bicho-da-seda 95
12. Marta e Maria 103
13. As desgraças do Reino da França 111
14. O Senhor está no meio das panelas 119
15. A Quietude e a Paz em que
     minha alma se encontra 127

Quatro escritos principais de Teresa 134